直観を磨く

深く考える七つの技法

田坂広志

講談社現代新書

2562

目次

第二話　問題の「矛盾」を解決しようとしないで考える

第三話　橋のデザインを考えるのではなく、河の渡り方を考える

第四話　専門知識で考えるのではなく、専門知識を横断して考える

第五話　本で読んだ知識ではなく、体験から摑んだ智恵で考える

第六話　自分の中に複数の人格を育て、人格を切り替えながら考える

第七話　心の奥の「賢明なもう一人の自分」と対話しながら考える

第八話　必要な叡智は自然に降りてくると信じて考える

第二部 「賢明なもう一人の自分」と対話する「七つの技法」

第一話 まず、一度、自分の考えを「文章」に書き出してみる

第三部　「賢明なもう一人の自分」が現れる「七つの身体的技法」

序話

直観と論理が融合したとき、最高の思考力が生まれる

「考える」から「深く考える」へ

『直観を磨く – 深く考える七つの技法』

　こうした書名の本書を手に取られたあなたは、「直観を磨く」という言葉に興味を持たれたのだろうか。それとも、「深く考える技法」という言葉に興味を持たれたのだろうか。

もし、あなたが、「深く考える技法」という言葉に興味を持たれたのであれば、なぜ、本書においては、「考える技法」ではなく、「深く考える技法」について述べるのか、その理由を説明しておこう。

たしかに、いま、世の中には、「考える」ということの技術や方法を語った本は、数多くある。そして、その多くは**「論理思考」（ロジカル・シンキング）**の技術や方法について語ったものである。

なぜなら、世の中では「考える」というと「論理的に考える」ということをイメージする人が多いからである。そのため、書店には「論理思考」に関する本が溢《あふ》れている。

しかし、「論理的に考える」とは、「考える」という技法においては、実は、初級課程に他ならない。

それができなければ、そもそも、まともに考えることはできないが、しかし、それができたとしても、考えるという意味では、まだ、入り口にすぎない。

それが、本書において、「深く考える」ということをテーマに掲げる理由である。

では、「深く考える」とは、いかなることか。

それは、ただ「論理思考」に基づいて、一生懸命に考えることでも、長時間かけて考えることでもない。

「深く考える」とは、端的に言えば、「論理思考」を超えた思考法を用いて考えることである。

では、**「論理思考」を超えた思考法**とは、いかなる技法か。

その究極にあるのが、言うまでもなく、「直観」を用いた思考法、すなわち**「直観思考」**と呼ぶべきものである。

もし、あなたが、本書の書名の「直観を磨く」という言葉に興味を持たれたのであれば、おそらく、その「直観思考」を身につけたいと考えているのであろう。

そうであるならば、本書の後半において、その「直観思考」を身につける技法を、具体的かつ実践的に述べるので、その技法を学んで頂ければと思う。

しかし、もし、あなたが、本当に「深く考える技法」を身につけたいのであれば、「論理思考」と「直観思考」を身につけただけでは不十分である。

なぜなら、「論理思考」を超えた思考法には、「直観思考」以外に、いくつもの技法があるからである。

言葉を換えれば、本当に「深く考える技法」を身につけるためには、初級課程の「論理思考」と上級課程の「直観思考」の間に、身につけるべき中級課程の思考法がいくつもあるからである。

本書においては、その中級課程の思考法として、特に重要な「五つの思考法」を取り上げ、「論理思考」「直観思考」と併せ、**「深く考える七つの技法」**として述べていこう。

「深く考える技法」とは、様々な思考法を縦横に活用する技法のこと

では、なぜ、「深く考える」ために、この「七つの技法」を身につけることが必要なのか。

なぜなら、**「深く考える技法」とは、何か一つの特殊な思考法ではなく、様々な思考法を縦横に活用しながら、思考と思索を深めていく技法のこと**だからである。

世の中では、しばしば、「佐藤さんは、論理的人間だ」「高橋さんは、直観的人間だ」といった形で、あたかも、誰かが何かを考えるとき、「論理思考」で考える人と「直観思考」で考える人を分けるような表現が使われるが、これは、現実をあまりに単純化した捉え方である。

実際、筆者は、永年、仕事において、様々な**「思考のプロフェッショナル」**を見てきたが、実は、彼等は、**「論理思考」にも「直観思考」にも強く、その中間にある様々な思考法にも熟達し、それらを混然一体として縦横に駆使しながら、思考を深めていく**のである。

言葉を換えれば、一流の「思考のプロフェッショナル」は、**「論理」と「直観」を対立的に捉えず、その二つを融合させた最高の思考法によって、物事を深く考えていく**のである。

例えば、物事を論理的に考え、考え、考え抜いていくとき、突如、直観が閃《ひらめ》くということはしばしば起こる。逆に、直観的に閃いたことであっても、その現実性を論理的に検証していくということは不可欠であり、また、組織内で合意を得るためにも、その直観を論理に落として説明できることも極めて重要な能力である。

すなわち、もし、あなたが、本当に「深く考える技法」を身につけたいと思うならば、初級課程の「論理思考」と上級課程の「直観思考」を同時に身につけるとともに、その間にある中級課程の様々な思考についても、十分に身につけていかなければならない。そして、それらを縦横に使いこなせなければならない。

また、あなたが、真に実践的な「直観力」を身につけたいと思うならば、ただ「直観力」の訓練だけをしても効果は無い。なぜなら、**実際の知的営みにおける「直観力」とは、様々な技法を用いて思考力全体を高めていったとき、初めて磨き出されてくるもの**だからである。それが、本書の書名を『**直観を磨く**』と題した理由である。

では、「深く考える」ための七つの技法とは何か。「論理思考」と「直観思考」の間にある中級課程の「五つの思考法」とは何か。

「考えが浅い」と言われる人の七つの場面

そのことを考えるには、世の中で「**考えが浅い**」と言われるのは、どのような場面かを振り返ってみると良いだろう。

それは、しばしば、次のような言葉が語られる場面ではないだろうか。

「たしかに、理屈ではそうだけれども…」
「そう簡単に白黒つけられないだろう…」
「それだけが問題ではないだろう…」
「それは、視野が狭い物の見方だな…」
「まあ、本にはそう書いてあるけれどね…」
「もっと、相手の立場になって考えられないのか…」

そして、さらにとどめを刺すのは、

「何か、勘が悪いんだな…」

という言葉が語られる場面であろう。

すなわち、論理思考を超えた思考法とは、こうした「七つの場面」で語られる言葉を裏返した次の「**七つの思考法**」でもある。

第一　直線論理だけで考えない
第二　二項対立構造で考えない
第三　個別問題だけを考えない
第四　狭い視野の中で考えない
第五　文献知識だけで考えない
第六　自己視点だけで考えない
第七　直観の力を用いて考える

しかし、こう述べると、あなたは、「それは、当たり前のことではないか」と思われるかもしれない。

だが、この七つのことは、「考える」という技法においては、中級課程と上級課程の技法である。そのため、頭で理解しても、いざ、それを実践しようとすると大きな壁に突き当たることになる。

そこで、本書においては、その中級課程と上級課程の思考法を、「深く考える技法」として、「思考のプロフェッショナル」の視点から実践的に述べていこう。

「深く考える」ことのプロフェッショナルとして

いま、「思考のプロフェッショナル」の視点から、と述べたが、筆者は、半世紀近く、「深く考える」ことを仕事としてキャリアの道を歩んできた。

大学を卒業後、医学部を経て、工学部大学院で博士号を得るまでの七年間、一人の研究者として、掲げた研究テーマを追究するために、深く考える日々であった。

民間企業に就職してからは、最先端技術のプロジェクト企画に携わり、企業の現場で、企画プロフェッショナルとして深く考える日々であった。

さらに、米国のシンクタンクでの勤務の時代と、我が国で新たなシンクタンクの設立に携わった時代には、「シンクタンク」(Think Tank)という言葉通り、深く考えることが仕事の日々であった。

また、シンクタンクでの一〇年間の仕事を終えた後は、経営大学院の教授として教鞭《きょうべん》を執る傍ら、様々な企業の社外取締役や顧問という立場で、経営トップに対する戦略参謀としての助言をするために、様々な経営課題について深く考えることが仕事の日々であった。

そして、これまでの二三年間に九〇冊余りの著書を上梓してきた著者として、いまも、執筆のために、深く考えることが仕事の日々である。

こう述べると、筆者が「思考のプロフェッショナル」としてキャリアの道を歩んできたという意味が理解して頂けたかと思うが、それは決して偉そうな意味ではなく、実は、自ら省みて、先ほどの「考えが浅い」と言われるような場面も、数多く経験してきた。そして、そうした失敗や反省を通じて、「直線論理だけで考えない」「二項対立構造で考えない」「個別問題だけを考えない」「狭い視野の中で考えない」「文献知識だけで考えない」「自己視点だけで考えない」「直観の力を用いて考える」ということの重要性を、溜め息や後悔とともに、体験的に掴《つか》んできた。

これから本書で述べる「深く考える技法」とは、そうした筆者の永年の体験から掴んできた技法であり、幅広い仕事の分野で役に立つ実践的な技法である。

具体的には、これから、次の七つの思考法を紹介していこう。

第一「循環論理」の思考法
第二「対立止揚」の思考法
第三「課題回帰」の思考法
第四「水平知性」の思考法
第五「体験知性」の思考法
第六「多重人格」の思考法
第七「自己対話」の思考法

しかし、本題に入る前に、三つ、大切なことを述べておきたい。

これから「論理思考」で考える能力はＡＩに置き換わってしまう

第一は、これからの高度知識社会においては、**ただ論理思考を使って「考える」と**

いう能力は、今後、急速に発達・普及していくＡＩ（Artificial Intelligence：人工知能）によって置き換わってしまうということである。

これは、拙著『能力を磨く』において詳しく述べたことであるが、これから急速に世の中に広がっていくＡＩは、「論理思考」と「知識活用」においては、人間が全く敵《かな》わない能力を発揮するため、**「論理思考」と「知識活用」の能力だけで「考える」ことをしている人材は、ＡＩに淘汰《とうた》されてしまう**ということである。

逆に言えば、これからの**ＡＩ時代に活躍する人材とは、「論理思考を超えた思考法」と「知識を超えた智恵」を身につけた人材**に他ならない。

この「論理思考を超えた思考法」と「知識を超えた智恵」の意味は、この後、本書において詳しく述べるが、ＡＩ時代に活躍するために、この二つの力が求められるということは、実は、**ＡＩ時代とは、「高学歴の人材」にとっても、極めて厳しい時代**になっていくことを意味している。

なぜなら、現在の我が国の偏差値教育の制度の下で、「高学歴の人材」とは、端的に言えば、「論理思考」と「知識活用」に強い人材だからである。

それゆえ、これからのＡＩ時代には、たとえ、どれほど高学歴の人材であっても、その学歴的能力に安住することなく、本書で述べる「論理思考を超えた思考法」と「知識を超えた智恵」を身につけ、「深く考える力」を身につけることが、活躍するための不可欠の条件になっていくのである。

我々の心の奥深くには「賢明なもう一人の自分」がいる

第二は、「論理思考を超えた思考法」の究極は、「直観の力を用いた思考法」であるが、では、この**「直観力」を身につけ磨いていくためには、どうすれば良いか**ということである。

もとより、この「直観力」については、古今東西、多くの書籍が世に出されており、その中では、「いかにして直観が閃きやすい精神の状態を作るか」について書かれている。その内容の多くは、決して間違ったことは書かれていないが、それを実践しようとすると、一つ、悩ましい問題に突き当たる。

それは、「直観が閃きやすい精神の状態」として「深い瞑想《めいそう》の状態に入ったとき」や「変性意識状態（Altered State of Consciousness）になったとき」、「脳波がアルファ波を示しているとき」などが語られるが、現実には、我々は、忙しい日々の仕事の中で、すぐに判断を求められる難しい意思決定の問題に直面し、一つの会議の中で優れたアイデアを発案しなければならない状況に置かれる。そうしたとき、「直観力」を発揮するために、毎回、部屋に籠もって瞑想をするわけにはいかないのである。

筆者は、永年、一人のビジネス・プロフェッショナルとして歩み、忙しい仕事の日々の中で、そうした**「即時に直観力を発揮しなければならない状況」**を無数に経験してきた。そうした経験の中で、筆者なりに身につけてきた「直観力を発揮する技法」は、端的に言えば二つである。

一つは、**「瞬間瞑想」もしくは「瞬間禅」**とでも呼ぶべき、一瞬にして、静謐《せいひつ》な精神の状態に入る技法であり、もう一つは、自分の中から**「直観力に優れた人格」を呼び出す技法**である。

前者の技法は、すでに世の中に存在する技法であるが、後者の技法は、筆者なりに永年の経験を通じて編み出してきた技法である。

その技法については、拙著『人は、誰もが「多重人格」』において詳しく述べたが、その要点を述べるならば、**我々の中には、様々な個性と能力を持った複数の人格が存**

在する。そして、「多様な才能」を開花させるとは、それらの「様々な人格」を育てることでもあるが、それらの人格の中で、他の人格とは比較にならないほど不思議な力を発揮する人格があり、これを筆者は、「**賢明なもう一人の自分**」と呼んでいる。

この人格は、いつもは心の奥深くに潜んでいるが、ときおり、心の表面に現れてきて、我々に語りかけてくる。そして、その鋭い直観や洞察を教えてくれるとともに、ときに、我々を、深い思考や思索へと導いてくれるのである。

従って、本書においては、この「賢明なもう一人の自分」がどのような能力と性質を持っているのか、どうすれば、この「賢明なもう一人の自分」が現れてくるのか、そして、この「もう一人の自分」と対話することができるのか、筆者の体験を交え、具体的な技法を述べよう。

最先端の量子科学が明らかにする「直観」と「天才」の秘密

第三は、そもそも、**なぜ、我々人間は、「直観力」という不思議な能力を発揮できるのか**ということである。

実際、世の中で「天才」と呼ばれる人々は、誰もが、人並外れて鋭い「直観力」を発揮することができる。また、我々一般の人間でも、仕事や生活で、ときおり、自分でも驚くような「直観」の閃きを体験することがある。

しかし、では、なぜ、そうした「直観」が閃くのかについては、現在の科学は、いまだ、その秘密を解き明かすことができていないため、この「直観」とは、永く、神秘的な人間の能力であると思われてきた。

だが、近年、**科学の最先端の量子物理学（Quantum Physics）や量子脳理論（Quantum Brain Theory）**が、なぜ、「直観」というものが閃くのかについて、一つの興味深い「仮説」を提示し始めている。

それは、「**ゼロ・ポイント・フィールド仮説**」と呼ばれるものであるが、これは、正統な科学の観点から見ても十分に検討に値する理論であり、この「ゼロ・ポイント・フィールド仮説」と我々の「直観」というものの関係については、これまで類書では触れられることが無かったテーマでもあるので、本書においては、この仮説を紹介しよう。そして、なぜ、我々の心の中で、不思議な「直観」が閃くのかについて、この仮説に基づいて考察しよう。

おそらく、それは、あなたにとって、驚きを禁じ得ない科学的仮説であるが、同時に、もしそれが科学的に証明されたならば、これまでのあなたの人生で与えられた様々な「直観」の体験に、一つの合理的な解釈を与えるものとなるだろう。

そして、それは、本書の第一部・第七話で述べる「**自己対話**」の**思考法**、すなわち、我々の中にいる「賢明なもう一人の自分」との対話の技法の有効性に、科学的な根拠を与えるものとなるだろう。

この序話においては、その三つのことを述べ、早速、本題に入っていこう。

第一部　深く考えるための「七つの思考法」

第一話　「循環論理」の思考法

問題の「循環構造」を俯瞰《ふかん》しながら考える

「論理思考」は初級課程の思考法にすぎない

では、物事を「深く考える」ための第一の思考法は何か。

それは**「循環論理」**の思考法と呼ぶべきものであるが、これを一言で述べるならば、

「直線論理」で考えるのではなく、「循環論理」で考える

という思考法である。

冒頭、序話において、「論理思考」は、初級課程であると述べた。しかし、実は、「論理思考」にも、さらに初級課程と上級課程があり、初級課程とは「直線論理」の思考法のことであり、上級課程とは「循環論理」の思考法のことである。

では、**「直線論理」の思考法**とは、どのようなことか。

端的に言えば、

「Aが原因となって、Bが結果となる」（原因と結果）
「Aという根拠で、Bという結論が得られる」（根拠と結論）
「Aという目的を達するために、Bという方法を使う」（目的と方法）

といった直線的な思考法のことであり、例えば、

「良い商品を開発できないから（原因）、あの企業は業績が不振なのだ（結果）」
「顧客のアンケートを見ると（根拠）、当社のサービスは不評だ（結論）」
「社員の意欲を高めるためには（目的）、もっと給料を上げる必要がある（方法）」

といった思考法のことである。そして、こうした直線的な思考法は、我々の日常において、水や空気のように使われている。

そして、世の中で「あの人は論理的だ」や「あの人は説得力がある」と言われる人は、こうした直線論理的な思考法が得意な人であり、ときに、「あの人は頭脳明晰だ」や「あの人は頭が良い」といった評価を得ることもある。

筆者が、米国のシンクタンクに勤めていたときも、上司が優秀な研究員を評価するとき、「He/She is articulate.」という言葉で褒めていた。この「articulate」とは、直訳すると「明確な・明晰な」という意味であり、このシンクタンクでは「頭が整理さ

れている」という意味で使われていた言葉である。

たしかに、こうした、「原因と結果」「根拠と結論」「目的と方法」といった直線論理を使って、物事を推論したり、判断したり、決定したりする能力は、重要な能力であるが、実は、それは、「論理思考」においては初級課程にすぎず、「考える力」としては初歩の初歩にすぎない。

では、なぜ、こうした、「原因と結果」「根拠と結論」「目的と方法」といった「直線論理」の思考法が初級課程にすぎないのか。

解決困難な問題の多くは「循環構造」をしている

実は、**世の中の物事は、その多くが「循環構造」をしている**からである。

そして、そのため、単に「直線論理」の思考法だけで考えていると、しばしば、誤った推論や判断や決定をしてしまうからである。

こう述べると、少し分かりにくいかもしれないので、分かりやすい話を紹介しよう。

それは経営についての笑い話である。


ある企業の経営会議でのこと。

まず、社長が経理部長に訊いた。

「なぜ、当社は、こんなに収益が上がらないのか」

経理部長が答えた。

「主力商品の売り上げが伸びないからです」

そこで社長は、営業部長に訊いた。

「なぜ、商品の売り上げが伸びないのか」

すると、営業部長が答えた。

「営業は頑張っていますが、他社と差別化できる商品が無いからです。商品開発をもっと頑張ってもらいたいのです」

そこで、社長は、商品開発部長に訊く。

「なぜ、もっと魅力的な商品の開発ができないのか」

すると、商品開発部長が答えた。

「開発部としても頑張っているのですが、やはり、優秀な人材がいないので、魅力的な商品が開発できないのです。人事に、もっと優れた人材を採用してもらいたいのです」

そこで、社長は、人事部長に訊いた。

「なぜ、優秀な人材を採用できないのか」

すると、人事部長が答えた。

「人事部としても頑張っているのですが、残念ながら、当社の企業イメージが低いので、優秀な人材が集まらないのです。もっと、広報部に頑張ってもらいたいですね」

そこで、社長は、広報部長に訊く。

「なぜ、もっと当社のブランドイメージを高める広報ができないのか」

すると、広報部長が、こう答えた。

「広報部としても頑張っているのですが、広報予算が限られているので、当社の企業イメージを高める広報戦略が採れないのです。経理部から、広報予算を大幅に増やしてもらえれば、それができるのですが」

そこで、社長は、ふたたび、経理部長に訊く。

「広報部に、もっと予算を増やせないのか」

すると、経理部長が答える。

「当社の収益が上がっていないので、予算は、これ以上増やせません」

そこで、社長は、経理部長に訊く。

「なぜ、当社は、こんなに収益が上がらないのか」

すると、経理部長が溜め息をつきながら答えた。

「社長、最初の質問に戻っていますが…」


もとより、これは、経営の現実を戯画化した笑い話であるが、この話で十分に理解されただろう。

これが「循環構造」という意味であり、実は、**世の中の解決困難な問題の多くは、こうした「循環構造」をしており、さらに言えば、いわゆる「悪循環」に陥っている**のである。

そして、こうした「悪循環」は、ビジネスの世界だけではない。世の中のいたるところに存在する。

例えば、家庭内での子供の教育においても、同様の悪循環が発生する。

「子供が勉強をしない」→「成績が上がらない」→「親が子供にもっと勉強をしなさいと叱る」→「子供は、ますます勉強が嫌いになる」→「子供が勉強をしなくなる」

こうした悪循環も、しばしば見受けられることである。

「直線論理」の思考法には主観的な利害判断が混入する

では、こうした「循環構造」の問題に対して、「直線論理」の思考法で対処すると何が起こるのか。

「循環構造」の切断による恣意的な「因果関係」の判断が起こってしまう。

これも分かりやすく述べよう。

先ほどの経営会議の例で言えば、この「循環構造」をどこで切って「原因・結果の関係」を主張するかで、結論が違ってくるのである。

例えば、営業部長の立場では、「商品開発部が良い商品を開発しないから（原因）、営業の売り上げが伸びない（結果）」ということを主張できるが、商品開発部長の立場では、「人事部が優秀な人材を採用しないから（原因）、良い商品を開発できない（結果）」ということを主張できる。

このように、考えるべき問題が「循環構造」をしているときには、「直線論理」の思考には、**しばしば、立場による主観的な利害判断が混入し、恣意的に因果関係が主張される**ということが起こるのである。

企業や組織が「病む」ときは「全体が病む」

では、こうした「循環構造」の問題に対して、我々は、どう処すれば良いのか。どのような思考法を採れば良いのか。

三つの手順を述べておこう。

第一の手順　まず、問題の「循環構造」を発見する

言うまでもなく、最初に行うべきは、目の前の問題の「循環構造」を発見することである。しかし、実際に我々が**企業や市場や社会において直面する問題は、多くの場合、様々な問題が絡み合った「問題群」と呼ぶべきもの**であり、複雑な因果関係の構造をしており、先ほどの経営会議のような単純な例は稀《まれ》である。

そこで、こうした複雑な問題群の循環構造を考える場合は、その問題群の全体像を、一度、**「因果関係のフローチャート」**の形で書き表してみるという方法がある。

しかし、実社会における複雑な問題群は、必ずしも、こうした形で明確な概念化ができないものも多い。

例えば、一つの企業における、企業文化、社員の意欲、評価制度、リーダーの指導力、メンバーの協調性、情報共有の仕組みなどは、極めて複雑に絡み合っており、それを簡単な概念図で表すことはできない。

しかし、実は、優れた経営者やリーダーは、こうした「フローチャート」や「概念図」などを描かなくとも、永年の現場での経験を通じて磨いた鋭い感覚で、職場や企業、市場や社会の**複雑な問題群の「循環構造」を直観的に把握する**ことができる。

すなわち、優れたプロフェッショナルは、問題の細部や小さな問題に目を奪われることなく、また、問題の局所的な因果関係に目を奪われることなく、「循環構造」も含めた問題群の全体構造を把握できるのである。

昔から、経営者やリーダーには**「大局観」や「洞察力」**が求められると言われるが、この「大局観」や「洞察力」という能力は、実は、こうした複雑な問題群の「循環構造」を把握するときにも発揮されるのである。

第二の手順　次に、循環構造の「全体」に働きかける

次に行うべきは、見出した循環構造の「全体」に働きかけることである。

なぜなら、昔から語られる叡智の言葉に「**病むときは、全体が病む**」という言葉があるからである。すなわち、企業組織などがおかしくなるときは、実は、一つの部署だけがおかしくなることは無い。企業組織は全体性を持った有機体（生命体）であるため、企業全体が大きな問題に直面するときは、すべての部署が、多かれ少なかれ、

何らかの意味で、おかしくなっているのである。

従って、先ほどの経営会議の例で言えば、「結局、どこに責任があるのか」「結局、どの部署が問題なのか」と考えることは、あまり正しくない。

それにもかかわらず、人間の心のエゴが集まった「心の生態系」である企業組織や人間集団においては、全体が問題に直面すると、必ずと言って良いほど**「犯人捜し」**が始まる。

それが、「結局、どこに責任があるのか」「結局、どの部署が問題なのか」といった議論であるが、こうした議論は、表面的には**「問題の原因究明」という大義名分**の形を取っているが、実は、互いの部署の**「密かな責任逃れ」の争い**になっていることも、一面の事実である。

従って、先ほどの経営会議の例で言えば、「結局、どの部署が問題なのか」という「犯人捜し」の議論に流される前に、まず、それぞれの部署が、「自分の部署は、全体の問題を解決するために、何をするべきか」という思考に向かうべきなのである。

そして、それは、全体が問題に直面したとき、それを、それぞれの部署の組織的成長に結びつけていくためにも、極めて重要なことである。

ちなみに、医学においても、現代の**西洋医学**は、癌治療などに象徴されるように、「問題の患部を見つけ出し、速やかに切除する」といった対症療法的な発想が主流であるが、長い歴史を持つ**東洋医学**は、「**ある部分が病気になるのは、全体の生命力が落ちているからであり、対症療法をする前に、全体の生命力を回復させる**」というホリスティックな思想に基づいて治療に当たる。

情報革命の進展に伴って、企業や市場や社会というものが、ますます高度な「複雑系」(Complex System)になっている現代、「複雑系」という生命的システムに処する叡智は、むしろ、この東洋医学の叡智に学ぶべきであろう。

第三の手順　循環構造の「ツボ」を見出し、そこに働きかける

しかし、この循環構造の「全体」に働きかけるということを行った後、必ず、我々が行うべきは、その循環構造の「ツボ」に働きかけるということである。それは、**循環構造の「悪循環」を断ち切り、反転攻勢に出る**ための「ツボ」である。

冒頭の経営会議の例で言えば、どの「部署」に力を入れることによって、悪循環からの脱却を図るかという判断である。

しかし、ここで言う「ツボ」とは、必ずしも、先ほど述べた「犯人」ではない。最悪の問題を抱えた部署ではない。

ここで言う「ツボ」とは、文字通り、そこに力を入れれば、組織全体の生命力が高まり、活性化する「ツボ」である。

従って、この「ツボ」として、組織全体の中で、好調の部署を選び、その部署を、さらに活性化することによって、悪循環を断つという打ち手も存在する。


さて、こう述べてくると**「循環論理」の思考法**とは、いかなる思考法であるか、理解して頂いたかと思うが、この「直線論理」の思考法と「循環論理」の思考法は、本書で語る思考法としては、初級課程のものである。

では、中級課程の思考法とは何か。


次に、そのことを話そう。

第二話 「対立止揚」の思考法

問題の「矛盾」を解決しようとしないで考える

「論理的人間」は二項対立の落し穴に陥る

では、物事を「深く考える」ための第二の思考法は何か。

それは「**対立止揚**」の思考法と呼ぶべきものであるが、これを一言で述べるならば、

「**二項対立**」で考えるのではなく、「**対立止揚**」で考える

という思考法である。

この思考法を説明する前に、まず、理解して頂きたいのは、**「論理思考」とは、基本的に「二項対立」的な思考である**という事実である。

なぜなら、そもそも、「論理」（ロゴス）とは、対象とする世界を「対立する二つの要素」に分割する思考だからである。

例えば、「真と偽」「善と悪」「美と醜」「成功と失敗」「達成と挫折」「勝利と敗北」といった形で、物事を対立的な二つの要素に分割し、

「何が真で、何が偽か」
「何が善で、何が悪か」
「いかにして成功し、いかにして失敗を避けるか」
「いかにして勝利し、いかにして敗北を避けるか」

といった形で思考を進めていくのが「論理思考」の基本的なスタイルである。

しかし、数学の世界や物理学の世界とは異なり、現実の人間や組織や社会というものは複雑極まりないものであり、その混沌《こんとん》とした現実と格闘する多くの人々は、世の中の物事は、それほど単純ではないと感じている。

そのため、人間や組織や社会といったものに対して、単なる「論理思考」だけで議論をする人は、しばしば、その「思考の浅さ」を指摘され、次のような厳しい言葉を投げかけられることがある。

「世の中の物事は、そう理屈では簡単に割り切れないだろう…」
「何が本当で、何が嘘かなど、そうはっきりとは分からない…」
「何が良いことで、何が悪いことなのか、そう明確に決められない…」
「成功と思えたことが、実は、失敗の始まりだったりする…」
「勝利したことが、次の敗北の原因になってしまうこともある…」

このように「**論理思考**」は、**その依って立つ「二項対立」的な思考法のため、しば**

しば、目の前の複雑で混沌とした現実を単純化して捉えてしまい、その現実に上手く対処することができなくなるのである。

従って、物事を深く考えるとは、そうした二項対立を超えた世界を見つめることでもある。

成熟した思考は「正・反・合」のプロセスをたどる

では、どうすれば良いのか。

「論理思考」の依って立つ「二項対立」的なスタイルが、物事を正しく捉えられないとすれば、我々は、どのような思考法を採るべきなのか。

実は、昔から、この「二項対立」的な思考法の限界を超える思考法が、存在する。

それが、「**弁証法**」（Dialectic）である。

弁証法とは、ギリシア時代の哲学者、ソクラテスの「対話技法」に始まり、ドイツ観念論の哲学者、ゲオルク・ヘーゲルによって一つの「思想体系」へと高められた思考法であるが、端的に言えば、**対立するものを超えて、より高い視点に立つ思考法**のことである。

すなわち、弁証法とは、哲学的な用語を用いて述べるならば、「正・反・合」のプロセスによる「**止揚**」（アウフヘーベン）をめざす思考法のことであり、**ある一つの考え方**（**正**）**に対して、これと対立する考え方**（**反**）**を取り上げ、これら一見、対立するものを、より高い次元で統合していく**（**合**）**思考のプロセス**のことである。

こう述べても分かりにくいと思うので、具体的な例で述べよう。

日本型経営は利益追求と社会貢献の「矛盾」を超えていた

例えば、子供の教育において、子供に対して優しく処するべきか（正）、厳しく処するべきか（反）という議論がある。この議論で、よく耳にするのが、「優しくしなければ、子供の心が折れてしまう」といった意見と、「厳しくしなければ、躾《しつけ》にならない」といった意見の対立である。

もとより、こうした意見は、どちらも一理あるように思えるが、当初、対立的に見えるこの二つの意見に対して、

「社会性や協調性など、その子の将来を考えるならば、厳しく処することが必要なときがある。それが、本当の優しさではないのか」

「どうしても厳しく処さなければならないとしても、そのとき、その子供に対して、どれほど深い愛情があるのかが問われるのではないか」

といった形で互いの意見を交わし、互いの思考を深めていくならば、最終的に、「優しさ」か「厳しさ」かという単純な二項対立を超え、二つの考えを、より高い次元で統合し、より深い理解に到達することができる。

これが「止揚」という思考のプロセスである。

また、他の例を挙げるならば、企業経営における、「利益追求」と「社会貢献」の対立という問題がある。

米国などでは、「Profit Company」（営利企業）と「Non-Profit Organization」（非営利組織）という言葉があるように、そもそも「利益追求」と「社会貢献」を二項対立的に捉える思想が明確である。

そのため、米国型経営もまた、「企業の目的は利益を挙げることであり、企業にとっての社会貢献とは、その利益の一部を社会貢献に使うこと」という考え方が主流となっている。

しかし、こうした米国型経営に対して、日本型経営においては、この「利益追求」と「社会貢献」を二項対立的に捉えることなく、その二つを統合し、止揚して捉えている。そのことを象徴するのが、日本型経営において語られてきた、次の言葉である。

企業は、本業を通じて、社会に貢献する。
利益とは、社会に貢献したことの証である。

企業が、多くの利益を得たということは、その利益を使ってさらなる社会貢献をせよとの世の声である。

そして、二一世紀になって、欧米においても盛んに語られるようになった「Social Business」（社会的事業）や「Social Enterprise」（社会的企業）もまた、この「利益追求」と「社会貢献」の二項対立を止揚した新たな概念であると言える。

この二つの事例が示すように、物事を深く考えるためには、単純な「論理思考」による「二項対立」の思考法に陥ることなく、**「弁証法」による「対立止揚」の思考法**を用いることが必要である。

それは、会議などにおいて、議論が対立し、紛糾したとき、どちらが正しいかという「討論」（**Debate**）をいたずらに続けるのではなく、ときに、参加者全員で「弁証法」（**Dialectic**）による「対立止揚」に向かうことも大切な思考のスタイルであることを教えてくれている。

第三話　「課題回帰」の思考法

橋のデザインを考えるのではなく、河の渡り方を考える

橋のデザインを考える人間は「視野狭窄」に陥る

では、物事を「深く考える」ための第三の思考法は何か。

それは「課題回帰」の思考法と呼ぶべきものであるが、これを一言で述べるならば、「解決の方法」を考えるのではなく、「解決すべき課題」を考える

という思考法である。

これは、問題や課題の解決策を考えているときに、我々がしばしば陥る「浅い思考」の落し穴に対して、「深い思考」への転換をもたらすことのできる技法である。

では、その「浅い思考」の落し穴とは何か。

端的に言えば、**「解決の方法」にばかり目を奪われて「視野狭窄《きょうさく》」に陥り、「解決すべき課題」を見失ってしまう**という落し穴である。

このことを、もう少し分かりやすく言おう。

もし、我々が、問題や課題の解決方法を考えているときに、解決策が見当たらないという壁に突き当たったならば、次の警句を思い起こすことである。

「橋のデザインを考えるな、河の渡り方を考えよ」

すなわち、もし、我々が、「橋の設計（デザイン）」について議論しており、鉄筋の橋が良いか、木造の橋が良いか、架橋が良いか、浮き橋が良いかといった議論が壁に突き当たり、「橋の設計」そのものが大きな壁に突き当たったとき、この警句を思い起こすならば、まったく違った発想へと転換することができる。

創造的な人間は「馬鹿げた発想」ができる

すなわち、「橋の設計」という解決方法が壁に突き当たったならば、本来の課題が何であったかに回帰し、それが「河を渡ることである」と再認識するならば、「橋」という解決方法だけではない、様々な解決方法が頭に生まれてくるだろう。

例えば、

「河の下にトンネルを掘る」

「河にフェリーを渡す」

「河の上に、ロープウェイを通す」

「河を、飛行船や気球で越える」

「河を棒高跳びで越える」

「河を泳いで渡る」

といった解決方法である。


こう述べると、「そんな馬鹿げた」と思われるかもしれないが、実は、ある一つの解決方法が壁に突き当たったとき、柔軟な発想で、斬新な解決方法を思いつく人は、頭の中に、こうした「**馬鹿げたアイデア**」が生まれる人である。

実際、筆者は、米国のシンクタンクと日本のシンクタンクで、無数の企画会議に参加し、またそうした会議を主宰し、自身も、数多くのアイデアを生み出してきたが、「アイデアマン」と呼ばれるような柔軟な発想ができ、思いもつかないアイデアを生み出せる人は、例外なく、こうした「**馬鹿げた発想**」ができる人である。

逆に、我が国の学歴社会で「優秀」という評価を得てきた人が、論理思考と専門知識に囚われて柔軟で大胆な発想ができないため、企画会議において、斬新なアイデアを出せず、あまり活躍できない姿も、残念ながら、数多く見てきた。

こう述べても、まだ、こうした「馬鹿げた発想」ができることの重要性を理解して頂けないかもしれない。そこで、一つ、象徴的なエピソードを紹介しておこう。

エレベータ不足の問題への「意表を突く」解決策

これは、「解決の方法」に目を奪われることなく、「解決すべき課題」に目を向けたことによって、難しい問題を解決した事例であるが、実際に米国であったエピソードであり、極めて示唆に富んだものである。

ある超高層ビルのオーナーが、あるとき、エレベータの数が足りないという問題に直面した。

そのビルで働く人々の数に比べて、エレベータの数が少なかったため、毎朝のラッシュアワー時に、なかなか来ないエレベータに対して、人々の不満が溢れたのである。

そこで、この問題の解決方法を検討するチームが作られ、そのチームでは、

「高速エレベータに取り替える」

「建物の外部にエレベータを増設する」

「人々の出社時間をずらす」

など、様々な解決方法が検討されたが、いずれも、コストや手間のかかる実現性の無いアイデアであった。


しかし、このチームが問題の解決に行き詰まっているとき、ある人物のアイデアが、この問題を見事に解決したのである。

それは、

「エレベータのドアの横に『鏡』を置く」

という解決策であった。

そして、この解決策を実行することによって、人々は、エレベータを待っている時間を、自身の身だしなみを整える、自分のファッションを確認するなどに使えるため、待ち時間を苦にすることは無くなり、不満は見事に解消されたのである。

このエピソードは、技術的な解決策や制度的な解決策など、表層的な「解決の方法」に目を奪われて問題の本質を見失ったとき、本来の「解決すべき課題」、すなわち、「エレベータ利用者にとって、待つ時間が苦痛である」という**本質的な問題に目を向けることによって「視野狭窄」を脱し、まったく斬新な解決策を発想できた**というエピソードである。

先ほどの「橋のデザインを考えるな、河の渡り方を考えよ」という警句に倣うならば、この事例は、「エレベータのことを考えるな、人々の不満を解消する方法を考えよ」という視点の転換によって、斬新な解決策にたどり着いたのである。

「人間心理」を熟知している人こそ創造性を発揮する

そして、付け加えるならば、このエピソードは、我々が問題解決において隘路に陥ったときに心得るべき、もう一つの大切なことを教えてくれる。

それは、**我々は、いつも、問題解決の鍵を、「最先端の技術」や「革新的な制度」に求める傾向があるが、しばしば、その解決のための本当の鍵は、「人間心理の機微」にある**ということである。

先に述べたように、筆者は、シンクタンクにおいて、永年、様々な企画会議を主宰してきたが、こうした会議において斬新なアイデアを発案できるメンバーは、決して技術に詳しいメンバーでも、制度や法律に詳しいメンバーでもなかった。

むしろ、「人間心理」や「集団心理」というものを深く理解しているメンバーであった。

しかし、それは、ある意味で、当然のことであろう。

なぜなら、我々が企業や市場や社会において直面する問題の多くは、表面的には、技術的問題や制度的問題であるように見えるが、その奥には、必ず、人々が心理的に苦痛を感じたり、困難を感じたり、快適さを求めたり、安心を求めたりするなど、「人間心理」や「集団心理」の問題があるからである。

このように、筆者は、永年の問題解決や企画立案の経験から、会議での議論が壁に突き当たったときには、しばしば、「橋のデザインを考えるのをやめよう、河の渡り方を考えよう」と述べ、メンバー全員が、こうした「課題回帰」の思考、すなわち、

「解決の方法」ではなく、「解決すべき課題」を考える

という原則に戻ることを促している。

それは、筆者が若き日に、米国のシンクタンクで学んだことでもあった。

このシンクタンクでは、やはり、会議の議論が壁に突き当たったり、混乱し始めたときには、必ず、会議の主宰者や参加者が、

「この会議の目的は、いったい、何か」

と声を挙げていた。

そして、このシンクタンクで最も高く評価される研究員は、「イノベイティブ」(革新的)と評される研究員であったが、彼等が共通に持っている資質は、この「課題回帰」の思考に強いことであった。

第四話　「水平知性」の思考法

専門知識で考えるのではなく、専門知識を横断して考える

世界の最先端研究所で求められる人材とは

では、物事を「深く考える」ための第四の思考法は何か。

それは「**水平知性**」の**思考法**と呼ぶべきものであるが、これを一言で述べるならば、

「**垂直知性**」**で考えるのではなく、**「**水平知性**」**で考える**

という思考法である。

この思考法を理解するためには、まず、「垂直知性」と「水平知性」という言葉の意味を理解する必要がある。

まず、「**垂直知性**」とは、分かりやすく言えば、**一つの専門分野を深く掘り下げる知的能力**のことである。

一方、「**水平知性**」とは、**様々な専門分野を横断的、水平的に結びつけて物事を考える知的能力**のことである。

そして、これからの時代は、世の中の物事がますます複雑に絡み合い、一つの専門知識だけで問題を解決することがさらに困難になっていくため、専門分野を深掘りしていく「垂直知性」以上に、様々な専門分野を結びつけて解決策を見出していく「水平知性」こそが重要になっていく。

筆者がそのことを印象深く考えさせられた興味深いエピソードがあるので、冒頭、それを紹介しておこう。

一九九〇年代の後半、当時、我が国の知の世界で注目されていたのが、「**複雑系**」（**Complex System**）や「**複雑性**」（**Complexity**）というテーマであり、このテーマを巡って数多くの書籍が出版され、様々な雑誌で特集が組まれていた。

では、この「複雑系」とは、何か。

難しい議論を避け、分かりやすく説明するならば、文化人類学者のグレゴリー・ベイトソンの次の一言が、「複雑系」とは何かを端的に述べている。

「複雑なものには、生命《いのち》が宿る」

この言葉通り、単に生物だけでなく、企業でも、市場でも、社会でも、そのシステムが複雑になると、創発や自己組織化、進化や相互進化、生態系の形成、バタフライ効果など、「生命的システム」に特徴的な性質を示すようになるのである。

そして、このことが、特定の専門分野だけでなく、科学や学問のすべての分野において先端的な共通テーマとなったため、米国においては、一九八四年、ニューメキシコ州のサンタフェ市に、この「複雑系」ということを専門分野横断的に研究する「**サンタフェ研究所**」が設立されたのである。

そして、この研究所の設立者が、ノーベル物理学賞を受賞したマレー・ゲルマンとフィリップ・アンダーソン、ノーベル経済学賞を受賞したケネス・アローの三人であったこともあり、この研究所には、世界中の様々な専門分野から、将来のノーベル賞候補と呼ばれるような気鋭の若手研究者が数多く集まり、文字通り「**学際的研究**」を進めていたのである。

筆者も、一九九七年に『複雑系の経営』や『複雑系の知』といった著書を上梓したこともあり、当時、このサンタフェ研究所を訪問し、この研究所の初代所長である、ジョージ・コーワン博士の話を聞く機会を得た。

そこで、筆者は、このコーワン所長に、次の質問をした。

「このサンタフェ研究所には、世界中から、様々な学問分野の優秀なスペシャリストが集まって学際的研究を進めていますが、この研究をさらに進めるために、いま、必要としているのは、どういった分野のスペシャリストですか？」

この問いに対するコーワン所長の回答は、極めて示唆に富んだものであった。

「いや、サンタフェ研究所には、これ以上、特定分野のスペシャリストは必要ない。我々が求めているのは、『**スーパージェネラリスト**』だ」

すなわち、コーワン所長は、「**優秀な専門家が沢山いるだけでは問題を解決することはできない、それらの専門家の知識を結集し、結合し、その総合的な知識で問題解決に取り組める人材が不可欠だ**」と言っているのであり、その人材を「スーパージェネラリスト」という言葉で呼んだのである。

原子力工学の専門家が「資本主義論」を書ける理由

実は、この言葉を聞いたとき、筆者は、浅学非才の身ながらも、その「スーパージェネラリスト」への道を歩みたいと、密かに心に思い定めた。

それから二〇年余の歳月を経て、筆者が「スーパージェネラリスト」と呼べる仕事ができているかは、謙虚に世の評価に委ねるべきであるが、ときおり、二〇〇九年に上梓した拙著『目に見えない資本主義』を読まれた方から、次のような質問を頂く。

「田坂さんは、元々は原子力の専門家であり、経済学の専門家でもないのに、どうして、こうした資本主義の未来を論じる本などが書けるのですか？」

たしかに、本来、筆者は、原子力工学で学位を得た人間であり、理科系の専門家の出自であるが、この『目に見えない資本主義』は、この読者が指摘される通り、経済学の知識だけでなく、文化人類学、歴史学、哲学、宗教学、経営学、情報学、心理学などの知識を縦横に結びつけて書き上げた著書である。

なぜ、そうした本が書けるのかについては、実は、筆者自身も不思議に思っていることでもあり、その不思議の理由については、第七話、第八話において「賢明なもう一人の自分」を論じる文脈で述べたいと思う。

しかし、この『目に見えない資本主義』という著書は、米国でも英語版の書籍『Invisible Capitalism』が出版され、ダボス会議のメンバーにも読まれている本であるが、たしかに、筆者の「水平知性」の思考で書かれた本に他ならない。

また、筆者の「水平知性」の思考で書かれた著作としては、例えば、拙著『深く考える力』に所収された三八篇のエッセイがある。

これらのエッセイもまた、最先端宇宙論から、地球環境問題、唯物史観、禅仏教、科学技術論、人工知能革命、ユング心理学、日本型経営、プロフェッショナル論、人生論、運気論など、様々な分野の知識を結びつけ色々なテーマを論じている。

これも、筆者の「水平知性」の思考の一例であろう。

もとより、このことをもって、筆者は自身を「スーパージェネラリスト」であると述べるつもりはない。そう自称するには、まだまだ非力であり、また、自身が高度な「水平知性」を身につけ、十分に活用できているかと言えば、それも謙虚に考えるべきであろう。

しかし、もし筆者が、なぜ『目に見えない資本主義』や『深く考える力』のような「専門分野横断的」な本を書けるのかと訊かれたならば、三つの理由を申し上げたいと思う。

「深く大きな問い」は磁石となって必要な知識を引き寄せる

第一は、心の中で「深く大きな問い」を問い続けているからである。

すなわち、筆者は、人並外れた多読家でもなく、また博覧強記の才に恵まれた人間でもないが、子供の頃から、心の中に「深く大きな問い」を抱き続けてきた。

例えば、「なぜ、この宇宙が生まれたのか」「なぜ、この宇宙に人類が生まれたのか」「自分とは何か」「心とは何か」「死は存在するのか」「歴史に法則性はあるのか」「人類社会はどこに向かうのか」「未来は予見できるのか」「民主主義とは最高の形態なのか」「資本主義は成熟していくのか」など、**一つの専門分野では決して答えることのできない「深く大きな問い」**を心に抱き続けてきた。

それゆえ、本を読むときも、「この本の著者は何を言おうとしているのか」という視点ではなく、**「この本は、自分の問いに答えを教えてくれるだろうか」**という視点で読むことが、永年の習慣になっている。

言葉を換えれば、多くの専門家が、世の中に存在する問題を見つめるとき、「私の専門知識で、この問題に答えを見出すことができるか」と考えるのに対して、筆者は、世の中に存在する専門知識を見つめるとき、「私が抱えている『深く大きな問い』に対して、この専門知識は、どのように役に立つのか」と考えるのである。

そして、こうした思考と読書のスタイルを永年続けていると、自然に、自身が抱えている「深く大きな問い」に関連する数々の専門知識が集まってくるのである。そして、自然に「水平知性」の思考と呼ぶべきものが、自分の中に生まれてくるのである。

すなわち、筆者にとって「深く大きな問い」は、あたかも磁石のようなものであり、その磁石が、必要な知識を引き寄せるのである。

「答え」を希求しながら本を読むと必要な個所が光る

第二は、本を読むとき「触発的コンセプト」だけを掴みながら読むからである。

世の中には「木を見て、森を見ず」という諺《ことわざ》があるが、読書において我々が陥りやすいのは、この落し穴である。

本を読むとき、我々は、初等教育から刷り込まれた習慣の弊害で、「この著者が言いたいことは何か」を考えながら本を読む習慣が身についている。

しかし、そうした読み方をしていると、必ずと言って良いほど、その本の中の「主要でないコンセプト」（木）に目を奪われ、気を取られ、「主要なコンセプト」（森）を見落としてしまう。

むしろ、「思考のプロフェッショナル」の読書において重要なことは、「この著者が言いたいことは何か」ではなく、「この本の中に、自分の『深く大きな問い』に対する『答え』があるか」を心に抱きながら、本を読み進めていくことである。

筆者は、その「答え」についての発想やアイデアが触発されるコンセプトを「**触発的コンセプト**」と呼んでいるが、そうした読書を続け、**心の中に数多くの「触発的コンセプト」が集まってくると、自然に、それらが結びつき、ときおり、「一つの物語」を語り始める**のである。

例えば、『目に見えない資本主義』という著作は、リーマンショック、金融資本主義、ボランタリー経済、知識資本、社会起業家、ＣＳＲ（企業の社会的責任）、日本型経営などについての様々な「触発的コンセプト」が筆者の心の中に集まり、あるとき、それらが結びついて「目に見えない資本主義」という物語を生み出したのである。

それは、他の多くの著作も同じであるが、新たな著作が生まれてくるときには、まず、心の中に「深く大きな問い」があり、それが強い磁石のようになって、様々な本や雑誌、新聞などから数多くの「触発的コンセプト」が集まり、それらのコンセプトが、あるとき、結晶化するように、一つの物語を生み出し、一つの著作を生み出すのである。

ちなみに、こうしたスタイルで本や雑誌を読んでいると、必要な個所、すなわち「触発的コンセプト」の部分が、自然に光って見えることも、付け加えておきたい。

「分かりやすい言葉」にこだわると本質が掴める

第三は、著書を執筆するとき「分かりやすい言葉」にしているからである。

もとより、筆者が執筆する著書は、特定の専門家が読む専門書ではないので、一般の読者が読めるように、難しい言葉を使わない努力は、当然のことながら必要である。

しかし、ここで**「分かりやすい言葉」にする**という意味は、もう少し違った意味である。


それは、**「本質を理解する」**という意味である。


なぜなら、難しい専門用語や最先端の用語を「分かりやすい言葉」にするためには、その用語が意味することの「本質」を理解していなければならないからである。

そして、様々な専門分野を横断的、水平的に結びつけて物事を考える「水平知性」を発揮するためには、それぞれの専門分野の「詳しい専門知識」を知っている必要は無いが、それぞれの専門分野の「基本概念」や「基本思想」、さらには「基本問題」や「先端問題」について、その「本質」を理解している必要があるからである。

その意味で、筆者は、著書を執筆するとき、できるだけ「分かりやすい言葉」で語ることを心掛けている。

すなわち、「分かりやすい言葉」で語ろうとすると、物事の本質が、良く見えてくるのである。

では、筆者は、かつては原子力工学の専門家でありながら、なぜ、現在、様々な専門分野の「基本概念」や「基本思想」、「基本問題」や「先端問題」について、理解することができるのか。

その一つの理由は、大学の教養学部の時代に、文字通り、広範な教養を身につけたからであろう。当時は、工学部で求められる数学や物理学、化学といった科目よりも、むしろ、哲学、歴史学、政治学、国際関係論、経済学、社会学、文化人類学、心理学、教育学、言語学、英文学など、多岐にわたる文科系の科目を学び、様々な専門分野の基礎を学んだからであろう。そして、それ以降も、永年、そうした分野の学びを続けてきたからであろう。

すなわち、こうした知識のバックグラウンドを持つには、やはり、それなりの年月と努力が必要であるが、もし、あなたが、そうした学びを始めたいと思われるならば、一つ、アドバイスを差し上げたい。

ある専門分野の「基本概念」や「基本思想」、「基本問題」や「先端問題」について学ぶとき、良い指針になるのは、やはり「○○学概論」や「□□学序説」といった表題の書籍である。

こうした書籍は、その学問分野のさらに詳しい専門領域に向かっていくための入門書という意味もあるが、**優れた学者や識者の筆による「概論」や「序説」は、その学問分野の「本質的な問題」を見事に描き出したものが多く**、「水平知性」の思考を身につけ、「スーパージェネラリスト」に向かっての学びをするとき、大きな糧となる。

例えば、臨床心理学の河合隼雄氏の『心理療法序説』などは、そうした書籍の典型的なものであろう。

筆者のように、常に「専門分野横断的」な思考を心掛ける人間にとっては、この書籍は、カウンセリングの分野のものではあるが、この一冊に触発された内容だけで、二一世紀の新たなマネジメント論が書けると思えるほどの名著である。

なお、その触発された内容、すなわち「触発的コンセプト」の一部を使って書き上げたのが、拙著『なぜ、マネジメントが壁に突き当たるのか』である。

第五話　「体験知性」の思考法

本で読んだ知識ではなく、体験から掴んだ智恵で考える

本を読んだだけでは分からない「深い世界」

では、物事を「深く考える」ための第五の思考法は何か。

それは「**体験知性**」の**思考法**と呼ぶべきものであるが、これを一言で述べるならば、

「**文献知性」で考えるのではなく、「体験知性」で考える**

という思考法である。

ここで、「**文献知性**」の思考とは、物事を考えるとき、**書物や雑誌、新聞やウェブなどによって得られた**「**文献知**」**によって考える**思考のことである。

一方、「**体験知性**」の思考とは、物事を考えるとき、**自身の経験や体験を通じて得られた**「**体験知**」**によって考える**思考のことである。

では、なぜ、この二つの思考を分ける必要があるのか。

なぜなら、「文献知」とは、「**言葉で表せる知識**」のことであり、書物や雑誌、新聞やウェブによって、容易に学び、身につけることができるものであるが、「体験知」とは、経験や体験を通じてしか身につけることができないものであり、「**言葉で表せない智恵**」であるため、書物や雑誌、新聞やウェブによっては身につけることができないものだからである。

そして、物事を深く考えるためには、この「**文献知**」（**言葉で表せる知識**）と「**体験知**」（**言葉で表せない智恵**）**を明確に区別する**ことが極めて重要である。

なぜなら、単なる「文献知」だけで考えたことは、「体験知」も含めて考えた場合に比べ、「浅い思考」になってしまうからである。

このことは、企業の現場においても、しばしば見受けられる。

例えば、ある企業の商品企画会議。先ほどから鈴木君が、会議の参加者に一生懸命に説明をしている。最先端の市場動向や統計的数字などを駆使して、ある商品の提案をしているのである。

鈴木君は、有名な大学を出た、優秀な若手社員。この商品に関する情報も、良く勉強してきている。説明も論理的であり、弁も立つ。

さらに、鈴木君は、この商品の競合商品に対する差別化戦略について、経営学の教科書に書いてあるような戦略を、熱心に語っている。

しかし、その会議の参加者を見渡すと、永年の商品開発の経験を持つ熟練のリーダー渡辺氏は、あまり納得していない表情をしている。

その雰囲気を感じた鈴木君は、渡辺リーダーに対して、「この商品企画、いかがでしょうか」と訊いた。
すると、しばしの沈黙の後、渡辺リーダーは、鈴木君に対して、こう語った。
「たしかに、色々な戦略の本には、そう書いてあるが、自分の経験では、この商品の市場は、少し違うんだな…」
この渡辺リーダーの言葉に、鈴木君は、納得がいかない様子である。

あなたも、職場で、こうした場面を目撃したことがあるのではないだろうか。

これは、まだ若く、経験が浅いため「文献知」で考えるしかない鈴木君と、永年の経験から「体験知」で考える渡辺リーダーの「思考の深さ」の違いが現れた場面である。そして、この渡辺リーダーは、鈴木君に対して、仕事には、単に本を読んだだけでは分からない「深い世界」があることを教えようとしているのである。

では、本を読んだだけでは分からない「深い世界」とは何か。

それが、いわゆる「**暗黙知**」（Tacit Knowing）と呼ばれる世界である。
「暗黙知」とは、科学哲学者、マイケル・ポランニーが、その著書『暗黙知の次元』で用いた言葉であるが、彼は、この著書の中で、こう述べている。

「**我々は、言葉で表せる以上のことを知っている**」

この言葉に象徴されるように、通常、我々は、人生や仕事における経験を通じて、言葉にはならないが、様々なことを知っている。

例えば、熟練の営業プロフェッショナルは、明確な言葉では表せないが、顧客の前でプレゼンを行うとき、その状況によって、どのようなリズム感で行うことがベストかを、良く知っている。

例えば、顧客の表情から、次の会議があるため時間を気にしていることを感じたら、テンポ良く、スピーディーなプレゼンに切り替えるといったことである。

こうした、言葉で表すことができず、経験や体験を通じてのみ摑むことのできる「知」を「**暗黙知**」と呼び、これを日本語では、昔から「**智恵**」と呼んできた。

これに対して、例えば、営業マニュアルに言葉で書かれている「顧客へのプレゼンは、リズム感良く行うこと」という文章や、「プレゼンのコツは、リズム感である」といった文章を読んで、ただ頭で理解した「知」は、単なる「**言語知**」と呼ぶべきものであり、日本語で「**知識**」と呼ばれるものである。

そして、本書では、分かりやすく、この「暗黙知」を「体験知」と呼び、「言語知」を「文献知」と呼んでいる。

従って、物事を考えるとき、単に書籍や雑誌、新聞やウェブで学んだ「文献知」だけを使って考えている人は、その思考から、この「体験知」の世界が抜け落ちているため、必然的に思考が「浅く」なってしまうのである。

熟練の経営者から聞かされた学識者への「耳の痛い話」

筆者は、経営大学院で経営学を教えているが、以前、ある熟練の経営者から、耳の痛い話を聞かされた。それは、次の主旨の意見であった。

「先日、ある経営学者が、ある企業の経営について語っているのを聞いたのだが、何かが軽いと感じ、何か思考の浅さを感じるのだね。この経営学者は、海外の有名な大学で経営学の学位を取り、色々な書物や論文を読んで経営学についての知識は沢山持っているのだけれど、あまり経営そのものの経験が無いからなのだろうね…」

この経営者の意見は、筆者も含め、経営学を教える人間にとって、耳の痛いものであり、襟を正して聴くべき警句であるが、これは、この経営学者が、実際の経営の経験から摑んだ「体験知」によって考えておらず、様々な書物や論文から学んだ「文献知」と「論理思考」で物事を考え、語っているため、その印象を持たれたのであろう。

しかし、こうした落し穴は、決して経営学者だけが陥るものではない。

例えば、歴史というものを膨大な文献を通じて学び、歴史学についての該博な知識を持っている学者や識者が、ある歴史的英雄の、極限の状況における決断の瞬間について語るときなど、やはり、その学者や識者が「厳しい状況でのリーダーの経験」を持っていないことが、その文章や発言を通じて、何かの「軽さ」や「浅さ」として伝わってくるときがある。それも、一面の事実であろう。

なぜ、高学歴の人材が「深い思考」ができないのか

このように、いくつかの例を挙げたが、「体験知性」の思考とは、物事を考えるとき、単に書籍や雑誌、新聞やウェブで学んだ「文献知」だけで考えるのではなく、自身の経験を通じて摑んだ「体験知」で考えるということである。

しかし、このことは、当然のことであるように思われるかもしれないが、実は、現代の我が国の教育制度に対して、大きな問題を投げかけている。

なぜなら、現在の我が国の教育制度は、生徒や学生に「文献知」の学び方は教えているが、「体験知」の摑み方を教えていないからである。

言葉を換えれば、現在の教育制度が重視しているのは、「知識の修得力」と「論理的思考力」の二つであるため、学歴的に優秀な人材は、「文献知」と「論理思考」を用いて物事を考えることには秀でているが、一方で、「体験知」と「直観思考」を用いて物事を考えることは、必ずしも得意ではないからである。

そして、このことが、いま、多くの職場で、奇妙な逆説を生み出している。

それは、**高学歴の人材が、必ずしも、深い思考ができるとは限らない**という逆説である。

しかし、それは、ある意味で、当然のことであろう。

なぜなら、「文献知」と「論理思考」を偏重する現代の偏差値教育の結果、その勝者である高学歴者は、しばしば、自分が得意な「文献知」と「論理思考」のみで考える傾向が強いため、苦労して経験を積みながら「体験知」を身につけ、論理を超えて深く考える「直観思考」を身につけることが疎かになってしまうからである。

このことは、先ほどの拙著『能力を磨く』や『知性を磨く』で詳しく語ったことであるが、本書では、この逆説について触れるにとどめておこう。

なぜ、「経験」は豊かなのに「体験知」が乏しい人がいるのか

では、どうすれば良いのか。

「文献知性」の思考にとどまることなく、「体験知性」の思考を身につけるにはどうすれば良いのか。

そのためには、ただ「経験」を積めば良いのであろうか。

実は、そうではない。

世の中を見渡すと、**「経験」は豊かであるが、あまり「体験知」を身につけていない人材**も、決して少なくないからである。

実際、高度経済成長の時代に、大企業に永年勤め、様々な部署を歴任し、色々な仕事を経験しているにもかかわらず、残念ながら、ひとたびその企業を退職したとき、

人材市場で一人のプロフェッショナルとして評価されるような「体験知」を身につけていない人は、しばしば見かける。

では、なぜ、そのようなことが起こるのか。

こうした人材は、**貴重な「経験」から「体験知」を学び取る技法**を身につけていないからである。

では、どのようにすれば、我々は「経験」から「体験知」を学ぶことができるのか。

そのためには、何よりも「**反省」の技法**を身につけることである。そして、その技法によって、貴重な「経験」を明確な「体験」へと深めることである。

では、「反省」の技法とは、いかなる方法か。

それは、三つの手順による技法である。

第一　「経験の追体験」

仕事において、会議や会合、商談や交渉、プロジェクトやイベントなど、何かの「経験」をしたとき、直後に、その経験の場面を、時間の流れに沿って、順次、思い起こし、その経験を心の中で「追体験」する。

第二　「体験知の振り返り」

この「経験の追体験」を通じて、その経験のそれぞれの場面で、どのような「体験知」を学んだかを、一つ一つ振り返る。

第三　「体験知の言語化」

その「体験知の振り返り」においては、その経験から学んだ「体験知」を、できるだけ「言葉」にして、同僚や仲間に語ったり、日記に記録する。

この「反省」の技法については、拙著『仕事の技法』において、具体的に様々な場面を取り上げ語っているが、一例を挙げると、次のような技法である。

絶大な効果がある「反省会」と「反省日誌」の習慣

例えば、ある日、顧客との商談で、自社の商品のプレゼンを行ったとする。このとき、帰りの電車の中や、タクシーの中で、短くともよいので、上司と、次のような**「反省会」**の時間を持つことである。


「先ほどの私のプレゼン、リズム感が悪かったでしょうか？」

「いや、リズム感は悪くなかったが、少し早口で聴き取りにくかったかな…」

「そうですか。その後の質疑応答は、どうでしたか？」

「内容的には、適切な受け答えだったと思うが、お客様から見ると、少し自信が無さそうに見えたかもしれないな…」

「それ以外に、何か？」

「プレゼンの最中、スクリーンを見ている時間が長かったが、もっと、お客様に目線を向ける方が、アピール力が上がると思うな…」

これが「反省会」の一例であるが、このとき、相手は必ずしも上司である必要はない。相手が先輩や同僚、部下であっても、こうした振り返りと反省を行うだけで、我々が一つの経験から掴める「体験知」は、遥かに豊かなものになる。

そして、できれば、こうした経験の直後の「反省会」だけでなく、夜、自宅に帰った後、独りで「**反省日誌**」を書くことも、有効である。

それは、例えば、こうした反省を日誌に書くことである。

「今日の客先でのプレゼン、課長から『早口で聴き取りにくかった』と言われたが、振り返ると、初めてのお客様だったので、どこか緊張して、早口になってしまったと思う」

「また、課長からは、質疑応答のとき、『自信が無さそうに見えた』と言われたが、やはり、心の中で、『この商品のこの問題を突かれたら困る』という気持ちが強かったのだと思う」

このように、「反省日誌」においては、上司や同僚との「反省会」ではあまり率直に語れない、自分自身の内面的な問題を、言葉にして書いていくのである。

すなわち、「反省会」においては、どちらかと言えば、スキルやテクニックなどの技術に関する「体験知」を振り返り、「反省日誌」においては、心構えや心の姿勢、心の置き所などの心得に関する「体験知」を振り返るのである。

この「反省会」や「反省日誌」は、一時間の経験を振り返るのに、一時間かかるわけではない。わずか五分でも、三時間の経験を振り返ることはできる。

従って、もし、あなたが、自らの経験を通じて「体験知」を摑みたいと思うならば、この「反省会」や「反省日誌」という「反省」の技法を身につけ、習慣として実践することを勧める。

筆者は、この習慣を実社会に出てから二〇年以上にわたって続けたが、その効果は極めて大きいと感じている。筆者が、大学院を修了後、同期の世代に比べ、七年も遅れて実社会に出たにもかかわらず、一人のビジネス・プロフェッショナルとして道を拓《ひら》けたのは、ひとえに、この「反省」の技法を愚直に実践し続けたからに他ならない。

この技法は、それほどの時間を必要としない技法でもあり、大きな負担は無いことから、ぜひ、実践することを勧めたい。

過去、現在、未来のすべての経験を糧とする技法

ところで、ここで、「体験知を言語化する」と言うと、あなたは、「暗黙知や体験知とは、そもそも、言葉で表せないものではないか。それを言葉にするとは、どのような意味か？」との疑問を持たれるだろう。

その通り。そもそも「体験知」は、言葉で表せないものである。

しかし、その**「体験知」を言葉で表そうと努力するとき、言葉を超えて、我々の身体感覚が、その「体験知」を摑む**のである。

例えば、「プレゼンのリズム感が悪い」という反省の言葉は、その「リズム感」という「体験知」そのものを意味しているわけではないが、こうした明確な「言葉」で語るとき、我々の身体感覚は、そのプレゼンのリズム感を思い起こし、そのリズム感をどう変えれば良いかを感覚的に摑むのである。

このように、「反省」の技法においては、やはり「言語化」ということが深い意味を持つのであるが、ひとたび、この「反省」の技法を身につけたならば、さらに次の三つのことを習慣にすると、我々は、過去、現在、未来のいずれの「経験」も無駄にすることなく、豊かな「体験知」を身につけることができる。

第一　現在の経験の「反省」
日々の仕事の経験の後、必ず、上司や同僚と短い「反省会」を持ち、また、仕事を終えた夜、独りで「反省日誌」をつけ、そこで得られた「体験知」を振り返る。

第二　過去の経験の「棚卸し」
時間のあるとき、「現在の経験」でなくとも、様々な「過去の経験」を一つ一つ振り返り、やはり、その経験から得られた「体験知」の棚卸しをする。

第三　未来の経験の「目的意識」
これから何かの経験を積むとき、その経験を通じて、どのような「体験知」を身につけたいかという「目的意識」を明確にする。

この三つの習慣を持つならば、あなたの「体験知」は、確実に豊かになっていくだろう。

経験の浅さは「疑似的な経験」によって補う

さて、こう述べてきても、あなたは、次のような疑問を抱くかもしれない。

「しかし、経験そのものが浅い若手の人材や、経験を積む機会に恵まれない人材は、どうすれば良いのか」

この問題に対しては、まず、基本的には、時間をかけて経験を積むこと、労を厭《いと》わず、その経験を体験へと深めることの大切さを述べるべきであるが、しかし、次善の策として、一つの方法がある。

それは、「疑似的な経験」を大切にすることである。

「疑似的な経験」とは、テレビのドキュメンタリー番組やドキュメンタリー映画を観ることである。例えば、企業や経済の現場などでの人物の動きを密着取材したドキュメンタリー番組などを観て、その番組に出てくる人物の立場に立ち、

「この場面、この人物は、どのような思いなのだろうか？」

「この場面、この人物は、どのような考えなのだろうか？」

「この場面、この人物は、どうしてこの行動を取ったのか？」


といったことを想像することであり、さらに、

「この場面、自分がこの人物の立場なら、どう思うだろうか？」

「この場面、自分がこの人物の立場なら、どう考えるだろうか？」

「この場面、自分がこの人物の立場なら、どう行動するだろうか？」

といったことを考えてみることである。

もとより、こうした想像や思索は、テレビや映画でなくとも、ノンフィクションの書籍や文学などでも行えるが、やはり、マルチメディアで迫真力を持って伝わってくる映像は、「疑似的な経験」という意味では各段に違う。

筆者は、教授を務める大学院において、「ネオ・リベラルアーツ」という講義を持っているが、その講義の中でも、こうしたテレビや映画による「疑似的な経験」の重要性を語っている。

いま、世の中には、「教養」（リベラルアーツ）と言うと、様々な書物を通じて「文献知」を広げることであるような誤解があるが、筆者は、人生における「現実の経験」と、こうした「疑似的な経験」を通じて、豊かな「体験知」を身につけることが、新たな時代の「新たな教養」（ネオ・リベラルアーツ）になっていくと考えている。

第六話　「多重人格」の思考法

自分の中に複数の人格を育て、人格を切り替えながら考える

営業や企画が不得手な人は「他者視点」での思考が苦手

では、物事を「深く考える」ための第六の思考法は何か。

それは「**多重人格**」の思考法と呼ぶべきものであるが、これを一言で述べるならば、「**自己視点**」で考えるのではなく、「**多重人格視点**」で考える

という思考法である。

しかし、この思考法は、正確に言えば、

「自己視点」で考えるのではなく、「他者視点」で考え、
さらには、「多重人格視点」で考える

という技法である。

そして、「深く考える技法」としては、「自己視点」で考えることを初級課程の技法とするならば、「他者視点」で考えることは、中級課程の技法であり、「多重人格視点」で考えることは、上級課程の技法であると言える。

では、まず中級課程の技法、「自己視点ではなく、他者視点で考える」とは、どのような技法か。

例えば、職場などで、ある問題を考えるとき、「浅い思考」に陥っている部下に対して、ときおり、物事を深く考えることのできる上司が、こうしたアドバイスをすることがある。


「もう少し、相手の立場になって考えてみてはどうか…」

「誰もが、君のように考えるわけではないと思うけれど…」

「それは、少し自分中心の考え方になっているのではないかな…」


実際、人間関係が上手くいかない人は、自分の視点だけで物事を考え、相手の視点に立って物事を考えることや、誰か他の人の視点に立って物事を考えることが上手くない人であることが多い。

また、仕事において、商談や交渉が苦手な人は、顧客の立場や相手の立場になって物事を考えることが苦手な人であることが多い。

さらに言えば、商品やサービスの企画が不得意な人は、消費者やユーザーの気持ちになって物事を考えることが不得意な人であることが多い。

相手の気持ちになって考えられない「二つの理由」

しかし、こうした「相手の視点に立って考える」や「相手の立場になって考える」「相手の気持ちになって考える」ということの重要性は、しばしば語られるにもかかわらず、実は、それを行うことは、言葉で語るほど容易なことではない。

では、なぜ、それが容易ではないのか。

それには、次の二つの理由がある。

第一の理由　我々の心の中の「エゴ」の強さ

第二の理由　我々自身が持つ「経験」の不足

従って、「自己視点」に陥ることなく、「深く考える」ことができるようになるためには、まず、この二つの問題を超える必要がある。

では、第一の「エゴの強さ」とは、どのような意味か。

我々は、人間であるかぎり、誰の心の中にも「エゴ」がある。その「エゴ」は、常に、「自分を守ること」や「自分に有利になること」「自分が得すること」を求めて動くため、**「エゴ」の動きに身を任せていると、物事を見る視点や考える視点が、必然的に「自分中心の視点」、すなわち、「自己視点」になってしまう。**

特に「エゴ」の強い人は、その傾向が強くなってしまう。

では、我々を「自己視点」に陥らせてしまう心の中の「エゴ」に対して、どう処すれば良いのか。

そのために、まず理解しておくべきことは、**「エゴ」は消せない**ということである。

たしかに、心の中の「エゴ」は、我々を「自己中心の視点」に陥れてしまう厄介な存在であるが、とはいえ、我々は、この「エゴ」を消すことはできない。もし、それを無理に消そうとしても、一時、心の表面から姿を隠すだけで、必ず、また別なところで厄介な鎌首をもたげてくる。
では、どうするか。この厄介な「エゴ」というものに、どう処すれば良いのか。
実は、この「エゴ」に処する方法は、一つしかない。

否定も、肯定もせず、ただ、静かに見つめる。

すなわち、心の中の「エゴ」が動くとき、もし、我々が、「ああ、自分の心の中のエゴが動いている、エゴが叫んでいる」と、否定も、肯定もせず、ただ静かに見つめることができるならば、そのとき、不思議なほど、心の中の「エゴ」の動きは鎮まっていく。そして、「自己中心の視点」に拘束されている意識が、変わっていく。

しかし、この「エゴを静かに見つめる」ということができるようになるためには、実は、自分のエゴを静かに見つめる「もう一人の自分」、すなわち、「**静かな観察者**」とでも呼ぶべきもう一人の自分が、心の中に生まれてこなければならない。
こう述べると、極めて難しいことを述べているように思われるかもしれないが、世の中を見渡して、「成熟した精神」を持っている人は、誰もが、この「静かな観察者」と呼ぶべきもう一人の自分を、心の中に持っている。

そのことを象徴するのが、世の中でしばしば使われる、対極的な次の二つの言葉である。


「あの人は、自分が見えていない」

「あの人は、自分が見えている」


すなわち、前者の「あの人は、自分が見えていない」という言葉は、周りから見ていると、その人が、心の中の「エゴ」に振り回されていることが分かるのだが、本人は気がついていないという状況で使われる言葉である。

一方、後者の「あの人は、自分が見えている」という言葉は、その人が、自分の心の中の「エゴ」の動きが見えており、だから、周りの人間からも安心して見ていられるという状況で使われる言葉である。

このように、「自分が見えている人」は、心の中に、自分を見つめる「もう一人の自分」＝「静かな観察者」がいるのであり、その自分は、「自己中心の視点」に陥りそうなとき、誰か他の人に言われるまでもなく、

「もっと、相手の立場になって考えてみるべきだ…」
「誰もが、自分のように考えるわけではない…」
「これは、少し、自分中心に偏った考え方ではないか…」

といった警句を、心の中で発してくれるのである。

すなわち、「もう一人の自分」が心の中に現れることによって、その自分が心の中の「エゴ」を静かに見つめ、「自己中心の視点」に陥ることを防いでくれるのであるが、実は、それだけでは、まだ、本当に「深い思考」をすることはできない。

そのためには、第二の「経験の不足」という問題を超えていく必要がある。

相手の気持ちが分からないのは「経験不足」が原因

では、第二の「経験の不足」とは、どのような意味か。

もし、我々が、心の中に「もう一人の自分」を育て、「エゴ」によって「自分中心の視点」に偏ってしまうことを防げたとしても、次に課題となるのが、先ほど述べた、

相手の視点に立って考える
相手の立場になって考える
相手の気持ちになって考える

ということができなければならない。

それは、言葉を換えれば「他人の視点や立場や気持ちになって考える」ということであるが、しかし、それをいざ実行しようとなると、我々は、大きな壁に突き当たる。

なぜならば、**「他人の視点や立場や気持ちになって考える」**ということは、**本来、自分自身も、その「他人」と同様の経験が無ければ、そうした想像力そのものを働かせることはできない**からである。

例えば、部下の気持ちになって考えるということは、マネジメントの世界で、しばしば語られるが、その部下が置かれている状況と同様の状況を経験したことがなければ、単なる想像力だけでは、それはできない。

同様に、顧客の立場になって考えるということも、自分自身が顧客の立場になって商品やサービスに不満を感じた経験がなければ、できない。

さらに、子供の気持ちになって考えるということも、自分自身の多感な子供時代に、様々な経験を与えられ、そこで味わう思いが無ければ、できない。

このように、我々は、基本的に、経験していないことは明確なイメージで想像できないため、相手と同様の経験が無ければ、相手の視点に立って考えることや、相手の立場になって考えること、相手の気持ちになって考えることはできないのである。

もとより、このことをもって筆者は、「すべての、そして全く同様の経験を持たなければ、相手の視点に立って考えることはできない」ということを主張するわけではない。それは不可能なことでもあり、絶対に必要なことでもない。

しかし、もし、我々が、相手の置かれている状況と「類似」の経験を持っているならば、想像力を羽ばたかせることによって、ある程度は、その相手の視点に立ち、相手の立場になり、相手の気持ちになって考えることはできるのである。

部下が陰で上司を評する「二つの言葉」の怖さ

では、このとき我々が持つべき「類似」の経験とは何だろうか。

それは「**苦労**」**の経験**である。

なぜなら、我々が、相手の視点に立って考えること、相手の立場になって考えること、相手の気持ちになって考えることが必要になる場面というのは、ほとんどの場合、その相手が苦労や困難、失敗や敗北、挫折や喪失、事故や病気といった苦境や逆境に置かれているときであり、その視点、立場、気持ちを深く考える必要がある状況だからである。

しかし、「苦労の経験を持つべき」と述べても、誰も好んで「苦労」の経験を持ちたいわけではない。それは、筆者も同様である。

だが、幸いなことに、と言うべきか、我々は、誰もが、仕事や人生において、何らかの「苦労」の経験を与えられる。

問題は、そうした**「苦労」の経験が与えられたとき、ただ、それを嘆き、悔い、忌避しながら、やり過ごすのか、それを「他人の視点」を学ぶための好機と思い、そのときの自身の苦しさや辛さ、悲しさや寂しさといった「心の動き」を見つめるのか、そのいずれを選ぶか**である。

その意味で、筆者もまた、大学院を終え、実社会に出た後、民間企業における営業の現場で、顧客に対する下座の行、組織の矛盾や不条理、人間関係の軋轢《あつれき》など、様々な「苦労」を与えられた。

いま振り返ると、それが、後に、筆者がマネジメントの道を歩み、リーダーとして、経営者として、部下や社員を預かるときの大きな糧となったのであるが、実は、若い時代に耳にして、あまり快く思えなかった言葉がある。

それは、

「若い頃の苦労は、買ってでもせよ」

という言葉である。

人間的に未熟であった筆者は、こうした言葉を聞くと、内心、反発を感じていたほどであるが、しかし、それから数十年の歳月を歩み、いまは、この言葉の大切さが痛いほど分かる。

なぜなら、マネジメントの世界においては、部下が上司に対して陰で語る二つの言葉があるからである。

一つは、**「苦労知らず」**という言葉。

もう一つは、**「苦労人」**という言葉である。

もし、我々が、部下や社員を預かったとき、陰で、「あの人は、苦労知らずだから…」と言われているならば、それは残念なことであろう。

逆に、「あの人は、我々のことを分かってくれるよ。苦労人だから…」と言われているならば、マネジメントの道を歩む人間として、有り難い場面であろう。

このように、我々が、相手の視点に立って深く考えること、相手の立場になって深く考えること、相手の気持ちになって深く考えることができるようになるためには、やはり、人生と仕事における様々な経験、それも「苦労」の経験が、極めて重要である。

一流のプロフェッショナルは「複数の人格」を使い分ける

さて、以上が中級課程の技法、「自己視点ではなく、他者視点で考える」であるが、では、上級課程の技法、「**他者視点を超え、多重人格視点で考える**」とは、どのような技法か。

それは、

物事を考えるとき、複数の人格を切り替えながら考える

という技法である。

こう述べると、驚かれるかもしれないが、世の中で「思考のプロフェッショナル」**と呼ばれる人は、分野を問わず、自分の中にいくつもの人格を持ち、「複数の人格の切り替え」**を行いながら、思考を深めている。

例えば、**企画のプロフェッショナルは、企画会議を主宰するとき、会議の前半と後半で、見事に人格を使い分けている。**

会議の前半、特に、アイデア・フラッシュやブレーン・ストーミングと呼ばれる「アイデア出し」の段階は、会議の参加者が様々なアイデアを出しやすいように、リラックスした雰囲気を醸し出しながら、どのような型破れのアイデアが出ても、決して否定せず、そのアイデアの良い所を見つけることに専念する。

すなわち、この会議の前半の段階は、「**楽天的で寛容なリーダーの人格**」で、その会議をリードしていく。例えば、こうした雰囲気である。

「おお、そのアイデア、面白いぞ…」
「その発想は、意表を突く卓抜なアイデアだな…」
「思い切って、こうしたらどうかな…」

しかし、同じ、その企画プロフェッショナルが、会議の後半になると、全く違った人格を表に出してくる。

なぜなら、企画会議とは、ただアイデアを出せば良いという場ではないからである。

ただ、アイデアを自由に出し合うだけならば、単なる「放談会」になってしまう。

当然のことながら、そうして出された様々なアイデアを、最終的には「一つの現実的な企画」へと絞り込み、練り上げていかなければならない。

そのためには、会議の後半は、参加者から自由に出されたアイデアの取捨選択や改善方針、そして、現実的制約を踏まえたうえでの具体化の議論に入っていかなければならない。

そこで、企画のプロフェッショナルは、企画会議の後半に向かって、見事に「人格の切り替え」を行う。すなわち、「楽天的で寛容なリーダーの人格」から、「**現実的で厳しい判断をするリーダーの人格**」に切り替えるのである。

例えば、こうした雰囲気である。


「山本君のアイデアは、斬新な切り口だが、残念ながら、今回は、不採用だな…」

「中村さんのアイデアは、この点を改善すれば現実的で面白いアイデアになるな…」

「ただ、小林君の切り口も捨てがたいので、中村さんのアイデアに加味してくれ…」

このように、企画のプロフェッショナルは、企画会議の後半においては、現実的な企画に練り上げるために、強いリーダーシップを発揮しながら、取捨選択と改善方針、現実化を進めていく。

企画会議の前半と後半で豹変する「リーダーの人格」

こうした現実を熟知しているため、昔から、企画プロフェッショナルの世界では、一つの格言が語られてきた。

「始め、民主主義。終り、独裁」

これは、企画会議とは、前半は、誰もが自由に意見を出せるような雰囲気、すなわち「民主主義的」な雰囲気で運営するべきであるが、後半は、時間的な制約の中で現実的な企画に練り上げていくために、企画会議の主宰者は、リーダーシップを発揮し、やや「独裁的」な雰囲気で会議を運営するべきであるとの格言である。

実際、筆者も、企画会議を主宰するとき、会議の前半のアイデア・フラッシュやブレーン・ストーミングの時間帯を終えると、「さあ、そろそろ、アイデアも出尽くしたから、リアリティ・チェックに入ろうか」と言って、後半の企画案の取捨選択と具体化の段階に向かった。ここで「**リアリティ・チェック**」とは筆者の造語であるが、企画案の現実的な問題点を厳しい視点から検討することである。

ただし、この「リアリティ・チェック」を企画会議の前半に行ってしまうと、互いにアイデアの非現実性や問題点を指摘しあうことになり、自由に柔軟なアイデアが出せなくなってしまう。いわゆる「**アイデア・キリング**」(アイデア殺し)の状況に入ってしまうのである。従って、この「リアリティ・チェック」は、どこまでも、会議の後半に行うべきである。

小説家や脚本家は、登場人物の人格になりながら執筆する

また、**「物事を考えるとき、複数の人格を切り替えながら考える」**という能力は、**小説家や脚本家、ノンフィクション作家を始め、執筆のプロフェッショナルにも、必ず求められる**ものである。

例えば、小説を書くためには、当然のことながら、登場人物それぞれの視点、立場、気持ちになってその場面を想像し、描くことができなければ、現実感のある小説は決して書けない。また、そうした小説でなければ、読者は、その登場人物に感情移入ができない。

これは、映画の台本を書く脚本家でも同様である。その映画の登場人物、それぞれの視点、立場、気持ちになってその場面を想像し、その台詞《せりふ》や振舞いを描写することができなければ、観客の心に響く脚本は作れない。

例えば、一九八四年の米国映画、『恋におちて（Falling in Love）』は、名優、ロバート・デ・ニーロとメリル・ストリープの共演による名作であるが、主人公のフランクとモリーの心情、さらには、それぞれの伴侶の心情が見事に描かれている。これは、二人の名優の演技もさることながら、脚本家の様々な人間心理を描写する能力の見事さによる作品でもある。

そして、こうした「複数の人格を切り替えながら考える」という能力は、言うまでもなく、一つの脚本に従って何人もの俳優への細やかな演技指導をする映画監督にも求められるものであり、また、映画や舞台によって様々な役柄を演じ分ける俳優にも求められる能力である。

執筆のプロは、様々な読者の人格になって自著を読み直す

このように、優れた小説家や脚本家、さらには映画監督や俳優は、日常生活においても、意識的、無意識的に、色々な人物の言動や心の動きを観察し、様々な人間の「人格」を学び、想定される色々な場面において、その「人格」がどのように振舞い、どのような言葉を発するかを想像することができる。

しかし、執筆のプロフェッショナルで、こうした能力が求められるのは、小説家や脚本家だけではない。

筆者もその一人であるが、ノンフィクション作家にも、やはり、様々な「人格」に

なって考えることが求められる。

ただし、ノンフィクション作家には、ある人物を「創造する」という意味で、「多重人格」の思考が求められるわけではない。作品のメッセージを、様々な読者に届けるために、この「多重人格」の思考が求められるのである。

なぜなら、一つの作品を、多くの読者から受け入れられる作品にするためには、筆者として、ある視点から一つのメッセージを書いたとき、例えば、

「このメッセージは、いま、辛い逆境にある人が読むと、どう感じるだろうか」
「このメッセージは、人生経験の浅い若い人が読むと、どう思うだろうか」
「このメッセージは、科学の知識の無い人が読むと、理解できるだろうか」

といったことを考える必要があるからである。

そして、こうしたことを深く考えるためには、「色々な人の視点で考えることができる」という次元を超え、究極、「**自分の中に、色々な人格を育て、それを切り替えながら考えることができる**」という**能力**が求められるのである。

例えば、筆者は、二〇〇五年に、高校生クラスの若い世代に向けて、『未来を拓く君たちへ』という著書を上梓しているが、この執筆においては、文章を、高校生の気持ちになって書き続けた。一方、二〇〇二年に上梓した『なぜ、働くのか』は、熟練の経営者に向けて極限の「死生観」を語ったものであり、これは、経営者の人格になって書き続けたものである。

経営者には「七つの知性」と「七つの人格」が求められる

このように、**「思考のプロフェッショナル」**は、分野を問わず、**「複数の人格の切り替え」を行いながら、思考を深めている**が、それは、ここまで紹介した、企画プロフェッショナル、小説家や脚本家、ノンフィクション作家、映画監督や俳優だけではない。

例えば、**経営者やマネジャーもまた、本来、こうした「多重人格」の思考が求められる仕事である。**

なぜなら、経営者やマネジャーの仕事は「ジェネラル・マネジメント」と呼ばれるように、様々なレベルで考え、様々なレベルで行動しなければならない仕事だからである。

そのことを、筆者は、拙著『知性を磨く』において「**七つの知性**」として述べたが、経営者やマネジャーは、

「**思想**」「**ビジョン**」「**志**」「**戦略**」「**戦術**」「**技術**」「**人間力**」

という「七つのレベル」の知性を持ち、それぞれのレベルでの思考ができ、行動ができなければならない。

しかし、これは、言葉で述べることは容易であるが、実践することは難しい。

なぜなら、どれほど優れた経営者やマネジャーでも、このすべてにおいて見事な思考ができ、行動ができる人物は稀だからである。

多くの場合、世の中の経営者は、

「魅力的なビジョンは語るが、足元が疎かになってしまう」

「実務能力は高いが、社会の地殻変動が読めない」

「巧みな戦略は立てるが、戦術的実行力が弱い」

「交渉技術は優れているが、人間力が欠如している」

「事業の計画は語るが、志や使命感を語れない」


といった形で、その能力に、何らかの得意・不得意がある。

しかし、筆者は、永年、様々な経営者の参謀を務めてきたが、優れた経営者は、例外なく、心の中に「複数の人格」を持っており、それを場面と状況に応じて使い分けている。

例えば、朝の全社員朝礼では、自社の将来ビジョンや仕事への志を熱く語り、社員をわくわくさせたかと思えば、午後の経営会議では、商品開発戦略について厳しい表情で経営幹部を叱咤する。その後、トップセールスに出れば、顧客に対して見事な営業技術で売り込みに成功する一方、夜の若手社員との懇談会では、好々爺《こうこうや》のような雰囲気と温かい人間力で社員を包み込む。

このように、優れた経営者は、心の中に、「思想」「ビジョン」「志」「戦略」「戦術」「技術」「人間力」という「七つの知性」を発揮する「七つの人格」を持っており、それらの人格を使い分けながらジェネラル・マネジメントの仕事を遂行しているのである。

そして、同様に、**いかなる職業においても、優れたプロフェッショナルは、誰もが、「他者視点」で考える能力とともに、「多重人格視点」で考える能力を身につけており、その「多重人格」の思考を駆使して、仕事に取り組んでいる**のである。

第七話　「自己対話」の思考法

心の奥の「賢明なもう一人の自分」と対話しながら考える

誰の心の中にもいる「賢明なもう一人の自分」

さて、ここまで、第一話から第六話までの話は、「深く考える技法」の初級課程と中級課程の話であった。

では、「深く考える技法」の上級課程とは、どのようなものか。

それが第七の思考法であり、「**自己対話**」の**思考法**と呼ぶべきものであるが、これ

を一言で述べるならば、

「自分」で考えるのではなく、「賢明なもう一人の自分」と対話する

という思考法である。

すなわち、「自己対話」の思考法とは、ただ「自分」の頭で考えるのではなく、我々の心の中にいる「賢明なもう一人の自分」と対話するという技法である。

もとより、物事を「深く考える」ための究極の思考法は、「直観の力を用いて考える」という思考法であるが、それは、言葉で語るほど容易なことではない。

そこで、序話において述べたように、筆者は、自分の中から直観力を引き出すために、永年の経験を通じて身につけた実践的な技法を用いている。

それが、**自分の中から「賢明なもう一人の自分」を呼び出し、心の中で、静かに、その人格との対話を始める**という技法である。

実際、筆者は、直観力や洞察力が求められるとき、深い思考や思索が求められるとき、この技法を実践するが、不思議なほど、その「もう一人の自分」が、直観や洞察を与え、思考や思索を深めてくれるのである。

しかし、こう述べると、あなたは、我々の中に「賢明なもう一人の自分」などいるのかと思われるかもしれない。

そのことを考えるために、一つ、面白いエピソードを紹介しよう。

サイコロを振った瞬間に聞こえる「もう一人の自分」の声

ある企業で、商品開発部のリーダーの田中氏が、重要なプロジェクトの意思決定に直面した。

市場の調査と分析も徹底的に行い、会議でも衆知を集めて議論を尽くしたのだが、それでも、この商品開発に踏み切るべきか否か、メンバーの意見が定まらないのである。そして、この商品開発は、典型的なハイリスク・ハイリターンのプロジェクトであり、不確実性が大きく、極めて難しい意思決定であったため、誰よりも、その意思決定の責任者である田中リーダー自身が、決断できないのである。

しかし、会議のメンバーからは、「田中さん、そろそろ決めて下さい」との声が、無言で伝わってくる。メンバーは、田中リーダーの力を信頼している。最後は田中リーダーの直観力に委ねようとの雰囲気である。

そうした雰囲気のなか、田中リーダーは目をつぶり、しばし黙して考え込んでいたが、ふと目を開けて言った。

「よし、サイコロを振って、決めよう」

啞然《あぜん》とするメンバーの前で、偶数ならプロジェクトの実施決定、奇数ならプロジェクトの実施見送りと宣言し、田中リーダーは、静かにサイコロを振ったのである。

すると、全員が固唾《かたず》を吞《の》んで注視するなか、サイコロは「偶数」と出た。

プロジェクトの「実施決定」である。

しかし、その瞬間に、何と、田中リーダーは、こう言った。

「やはり、このプロジェクトの実施は見送ろう！」

さらに唖然とするメンバーを前に、彼は、言葉を続けた。

「いま、サイコロの目が、偶数の『実施決定』を示した瞬間に、心の深くから、『いや、違う』との声が聞こえたのだよ。自分の直観は、やはりプロジェクトの実施見送りを教えている。自分は、その直観を信じるよ」

これは実際にあった話であるが、この田中リーダーほど象徴的な事例でなくとも、誰もが、こうした経験があるのではないだろうか。

ある難しい問題を前に、表面意識の自分は、答えが分からず迷っている。しかし、一つの答えを決める、ぎりぎりの場面で、心の奥深くから「もう一人の自分」が現れ、自分にもう一つの答えを囁《ささや》きかけてくる。

そうした経験は、誰にもあるのではないだろうか。

何かの直観が働くときには、心の中から「もう一人の自分」が語りかけてくるような感覚に包まれる。誰もが、そういった経験を持っているのではないだろうか。

いや、それは直観が働くときだけではない。何かの気づきが与えられるときも、そうである。

先ほど第六話で紹介した米国の映画『恋におちて』の中に、それを象徴するシーンがある。

妻帯者であるフランクを好きになり、自身も家庭を持つ身であるモリーが、フランクとの逢引きの前に、鏡を前に夢中になって服を選び続ける。

しかし、そのとき、ふと、モリーの中から「もう一人の自分」が現れ、鏡に映る自分に向かって語りかける。

What are you doing?
(あなた、何しているの…)

これは、名優メリル・ストリープらしい、見事な演技を見せるシーンでもあるが、このように、気づきの瞬間にも、やはり「もう一人の自分」が囁きかけてくる。

そして、ほとんどの場合、**この「もう一人の自分」が囁きかけてくることは、正しい方向を示している。**

そのことは、筆者の「執筆」という仕事においても、しばしば経験することである。

文章に表すだけで「賢明なもう一人の自分」が囁き出す

筆者は、毎週、エッセイ・メール『風の便り』を、何万人かの読者に配信しており、また、毎月、連載エッセイ『深き思索、静かな気づき』を、ある雑誌に寄稿しているが、これらのエッセイを読まれた方々から、しばしば、次のような質問を頂く。

「どこから、そうした新たな発想が生まれてくるのか」
「どうすれば、そうした深い思考ができるのか」

そう言って頂くことは、大変、有り難いが、自分自身は、いまだ、文章を通じて思索を深める修業を続けている身であり、そうした新たな発想や深い思考ができているかについては、謙虚に自らを振り返ってみるべきであろう。

しかし、もし、筆者に、少しでも発想の新しさや思考の深さというものがあるならば、その理由は、**自分の中に「賢明なもう一人の自分」がいることを、深く信じている**からであろう。

そして、**その「もう一人の自分」に叡智を貸してもらう技法を、ささやかながら身につけている**からであろう。

例えば、一つのテーマで文章を書くとき、どうするか。

多くの人は、文章を書くとは、次のようなことであると思っている。

第一ステップ（**列挙**）

まず、そのテーマについて、頭の中にある発想やアイデアを、一度、メモなどの形で、すべて外に出し、列挙する。いわゆる、アイデア・フラッシュやブレーン・ストーミングと呼ばれるものである。

第二ステップ（整理）
次に、そのアイデア全体を眺め、整理し、考えをまとめる。

第三ステップ（執筆）
そして、その考えを、論理的に、分かりやすく、文章にしていく。

それが、多くの人にとって、文章を書くときの方法であろう。
しかし、筆者にとって、文章を書く方法は、少し違う。
この方法の第一ステップと第二ステップまでは、同じである。
しかし、第三のステップが違う。

第三ステップ（対話・執筆）
そして、その考えを、論理的に、分かりやすく文章にしていこうとすると、自分の中の「賢明なもう一人の自分」が囁き出す。

「その論理展開ではない。この論理展開で書くべき」

「その視点ではない、この視点で書くべき」

「そのアイデアではない、このアイデアを使うべき」

「そのエピソードではない、このエピソードを使うべき」


そして、この「もう一人の自分」が囁き出すと、その囁きに素直に従おうという気になり、そこから本格的な執筆の作業が始まり、一つの文章が自然に生まれてくる。

先ほど述べた、エッセイ・メール『風の便り』や、連載エッセイ『深き思索、静かな気づき』、さらには、拙著『深く考える力』に載せた三八篇のエッセイは、すべて、こうした「自己対話」の思考法で執筆したものである。


こう述べると、あなたは、少し驚かれるかもしれない。

しかし、実は、文章の創作というものは、本来、そうしたものである。

それゆえ、文筆のプロフェッショナルは、誰もが、多かれ少なかれ、こうした経験を持っている。

作家に「死にたくない！」と叫んだ小説の主人公

例えば、かつて『白い人』という小説で芥川賞を受賞した作家の遠藤周作氏が、あるエッセイで、こう述べている。

「ある心中物語を書こうと思ったら、書いている途中で、主人公が『死にたくない！』と叫び出し、結局、この主人公を殺せなかった」

この主人公の叫びは、ある意味で、遠藤周作という作家の心の奥にいる、「もう一人の遠藤周作」が囁いたのであろう。「この主人公を殺すな」と。

このように、**もし世の中に「深く考える技法」というものがあるならば、その究極**

の技法は、心の奥深くにいる「賢明なもう一人の自分」の声に耳を傾けることである。その「賢明なもう一人の自分」は、いつも、静かに我々の思考や思索を見つめている。そして、ときおり、素晴らしいアドバイスを囁いてくれる。

そして、**この「賢明なもう一人の自分」は、我々、誰の中にもいる**のである。我々、誰の中にも、心の奥深くに、想像を超える賢さを持つ「もう一人の自分」がいるのである。

それゆえ、**我々の能力を分けるのは、そして、我々の人生を分けるのは、実は、その「賢明なもう一人の自分」の存在に気がつき、その自分との対話の方法を知っているか否かなのである。**

では、どうすれば、その「賢明なもう一人の自分」と対話できるのか。

いや、そもそも、どうすれば、その「賢明なもう一人の自分」が現れてくるのか。

この後、第二部と第三部において、その方法を、「七つの技法」として紹介しよう。

しかし、その前に、この「賢明なもう一人の自分」の持つ不思議な能力について、もう少し詳しく述べておこう。

「賢明なもう一人の自分」の持つ不思議な「二つの能力」

実際、この「賢明なもう一人の自分」は、我々の想像を超えた素晴らしい能力を持っている。

その能力は、大きく二つある。

第一は、論理思考を超えた「鋭い直観力」である。

すでに何度も述べてきたことであるが、我々の多くは、緻密に論理を積み上げていくことが「考える力」であると思っている。しかし、それは、「考える」という行為としては、ごく初歩的な段階にすぎない。最も高度な「考える力」とは、そうした論理思考を超え、突如、新たな考えや正しい考えが閃く直観力のことである。

そして、「賢明なもう一人の自分」は、まさに、その直観力を持っている。

その一つの象徴的な事例が、冒頭のサイコロを振った田中リーダーの直観であるが、直観を信頼するのは田中リーダーだけではない。世の中の熟練の経営者やビジネス・プロフェッショナルは、しばしば、「**直観は過**《あやま》**たない、過つのは判断である**」という言葉を語る。そして、それは、筆者の永年の体験からも真実である。

例えば、あるビジネス案件において意思決定をするとき、最初の直観は、「これは何か違う」という感覚を伝えてくるのだが、情報を集め、詳しく分析していると、なぜか、「これで良いのでは」という判断に流されることがある。

そして、その判断に従い、案件を前に進めていると、思わぬ問題に直面し、壁に突き当たり、最初の直観が誤っていなかったことを痛感するといったことである。

こうしたことは、熟練の経営者やビジネス・プロフェッショナルならば、誰もが一度や二度は体験していることであり、まして、賭け事や勝負事の世界では、「直観は過たない、過つのは判断である」ということの言葉は、金言のごとき「常識」となっている。

「走馬灯体験」が教える我々の中に眠る膨大な記憶力

では、「賢明なもう一人の自分」が持つ、もう一つの優れた能力は何か。

第二は、データベースを超えた「膨大な記憶力」である。

あなたは信じないかもしれないが、**我々の心の奥深くには、**実は、**人生で触れたすべての情報が記憶されているのである。**しかし、我々の通常の思考では、それらの情報のごくわずかしか取り出すことができない。だが、「**賢明なもう一人の自分」は、それらの情報の中から、必要なものを、瞬時に取り出すことができる。**

そのことを教えてくれるのが、世界中の多くの臨死体験の事例報告において述べられている「**フラッシュ・バック現象**」であろう。

すなわち、**人間が死ぬ間際に、その人生のすべての場面が、一瞬の間に、次々と極めて高速度で心に浮かんでくる**と言われる現象である。

これは、日本でも、昔から、「死ぬ間際には、人生の様々な情景が、走馬灯のように走り抜けていく」と言われるが、この「走馬灯体験」や「フラッシュ・バック現象」に象徴されるように、人間の心は、実は、その人生のすべての場面を記憶しているのである。ただし、日常的な次元では、この能力は発揮されず、通常は、臨死体験や死の瞬間が迫ったときなど、特殊な状況において、その能力が発揮されると考えられている。

実際、筆者の身近にも、その「走馬灯体験」をした友人がいる。

それは大学時代の友人であるが、当時、彼は、登山部に所属しており、ある夏、岩登りをしていたときのことである。

それは、危険な岩場を登っていた状況でのこと、彼は、一瞬のミスで足を滑らせ、仲間の見ている前で、その岩場の斜面を、谷底に向かって滑り始めたのである。

その瞬間、仲間の誰もが、命を失う事故になると固唾を呑んだのであるが、しかし、次の一瞬、この友人が担いでいたザックが岩場の木の茂みに引っかかり、彼は、奇跡的に命拾いをしたのである。

その彼が、後日、滑落の瞬間を回想し、筆者に、こう話してくれた。

「あれは、本当だった。
もう命が無い！　と思った瞬間、
人生の様々な場面が、一瞬にして甦り、
頭の中を、走馬灯のように駆け巡っていった」

このように、「走馬灯体験」や「フラッシュ・バック現象」と呼ばれるものは、実際に存在するのであるが、そして、我々の心の奥深くには、実は、人生で触れたすべての情報が記憶されているのであるが、問題は、我々一般の人間は、日常の仕事や生活においては、その能力を発揮できないということである。

では、それは、なぜなのか。

我々が能力開発を論じるとき、その問題をこそ、論じるべきなのであろう。

しかし、一方、**こうした能力を、日常的に発揮できる人間が存在すること**も、また、事実である。

「サヴァン症候群」の人々が教える、我々の中に眠る「天才」

例えば、米国の映画に『レインマン』という名作があるが、この主人公がそのことを教えてくれる。

これは、二人の名優、ダスティン・ホフマンとトム・クルーズが兄弟の役を演じる映画であるが、ホフマン演じる兄は、知的障害を抱えているが、実は、いくつかの点で極めて特殊な能力を持っている。

例えば、床に落ちた百本以上のマッチの数を瞬間的に正確に数えられる能力や、卓上のトランプのカードを正確に記憶する能力、さらには、瞬時に高度な暗算を行える能力である。

こうした、知的障害を抱えながらも、ある種の知的能力において、一般人を遥かに凌駕《りょうが》する能力を発揮する事例を、精神医学的には「**サヴァン症候群**」と呼ぶが、この症候群を示す人物は、次のような特殊な能力を発揮すると報告されている。

「素数と約数を瞬時に判断できる」
「写真を少し見ただけで、細部にわたるまで描き起こすことができる」
「書籍や電話帳、円周率、周期表などを暗唱できる」
「並外れた暗算をすることができる」
「音楽を一度聞いただけで再現できる」

こう述べると、にわかには信じがたいと思われるかもしれないが、これは、医学的に報告されている科学的で明確な事実である。

そして、こうした「サヴァン症候群」と呼ばれる能力は、現時点では、知的障害や発達障害を抱えた人々が発揮する特殊な能力として報告されているが、**こうした事例は、ある意味で、我々人間というものが、本来、どのような潜在的能力を持っているかを教えているのである。**

実際、我々の日常の仕事や生活においても、こうした能力の片鱗《へんりん》は現れている。

例えば、雑踏の中で、ある人の顔を見た瞬間に、「あの顔は、どこかで見た顔だ…」と思うことや、雑誌などで、ある街角の写真を見た瞬間に、「これは、あの場所ではないか…」と感じることがある。

こうしたことは、我々が、無意識の世界で、表面意識が思っている以上に、かなりの情報を記憶していることを示唆している。

また、かつて、筆者は、ある著名なノンフィクション作家の書斎を訪れたことがあるが、この書斎は、執務机の上も、書棚も、サイドテーブルの上も、様々な書類やファイルがうずたかく積み上げられていた。

そこで、筆者が、「これほど多くの書類やファイルがあると、どこに何があるのか、忘れてしまいませんか？」と訊くと、その作家は、平然とこう述べていた。

「いや、人間の頭脳は、どこに何が有るかについては、数千件程度のものは無意識に記憶しているのですよ。探すのに困ることはありません」

たしかに「サヴァン症候群」の人でなくとも、熟練のプロフェッショナルの中には、こうした驚異的な記憶力を発揮する人は、決して少なくない。

さらに、世の中には、**「フォトグラフィック・メモリー」**と呼ばれるような人もいる。

これは、文字通り、一度見た光景や情景を、あたかも写真（フォトグラフ）が記録しているように、正確に記憶している人のことである。

このように、我々誰の中にもいる「賢明なもう一人の自分」は、我々が想像している以上の「膨大な記憶力」を持っている。

実際、企画会議などにおいて、表面意識でのブレーン・ストーミングでは、どれほど考えても思い浮かばなかった記憶が、何かの瞬間に、心の奥深くの「賢明なもう一人の自分」が動き出すと、心の深層から湧き上がるように浮かび上がってくることは、しばしばある。

あなたも、そうした体験を持っているのではないだろうか。

なぜ、我々の中に眠る素晴らしい才能が開花しないのか

さて、以上述べた「鋭い直観力」と「膨大な記憶力」、この二つが、「賢明なもう一人の自分」の持つ素晴らしい能力であるが、では、なぜ、そうした能力が、我々の日常の思考において十分に発揮されないのか。

その理由を知るためには、実は、世の中で**「天才」と呼ばれる人々の思考の秘密**を知る必要がある。

なぜなら、「天才」と呼ばれる人々は、まさに、人並外れた「鋭い直観力」と「膨大な記憶力」を発揮しているからである。

そこで、次の第八話では、そのことを語ろう。

しかし、次の第八話は、あなたにとって、驚きに満ちた話になるだろう。

なぜなら、あなたの中にも、そして、誰の中にも、「天才」と呼ばれる人々と同様

の能力が眠っていることを述べるからである。

しかも、その能力は、現代の最先端科学が解き明かしつつある「フィールド」と繋がることによって目覚めると述べるからである。

もとより、この話を、どう解釈するかは、あなたの判断であろう。

筆者もまた、この「フィールド」の仮説を受け容れるまでに、年月をかけてきた。ただ、この仮説を受け容れて後、不思議なほど、深く考える力が身についたことも事実である。そして、ささやかながらも、自分の中の可能性と才能が開花したことも事実である。

とはいえ、おそらく、これから筆者が第八話で語ることは、多くの読者から疑問を抱かれ、ときに誤解を招くことになるだろう。

そのことを分かったうえで、それでも敢えて、筆者が、このことを語る理由は、ただ一つ。

あなたに、「深く考える力」を身につけ、発揮して頂きたい。
あなたに、自身の中に眠る大きな可能性と才能を開花させて頂きたい。
そして、素晴らしい人生を送って頂きたい。

そう願うからに他ならない。

そのことを申し上げて、第八話に入ろう。

第八話　「天才」の思考法

必要な叡智は自然に降りてくると信じて考える

我々の能力の発揮を妨げる「無意識の自己限定」

では、我々誰の中にも素晴らしい能力を持った「賢明なもう一人の自分」がいるにもかかわらず、なぜ、そうした能力が、日常の思考において発揮されないのか。

その第一の理由は、明確である。

自分の中に、そうした力があると信じていないからである。

いや、むしろ、**我々の多くは**、「自分は直観力が無い」「自分は記憶力が悪い」という無意識の「**自己限定**」をしてしまっている。

そのため、この「自己限定」が、我々の力の発揮を妨げ、ときに、**無残なほど萎縮させてしまっている**のである。

分かりやすい例を挙げよう。

例えば、いま、チョークで地面に三〇センチ幅の二本の線を引く。そして、誰かに「この線の内側を歩いてください」と言えば、健常者であれば、誰でもその線を踏み外すことなく歩ける。

しかし、もしそれが、断崖絶壁の上に架けてある三〇センチ幅の板の橋であったならば、我々は、「落ちたら死ぬ」「こんな橋、歩けない」と思ってしまい、その瞬間に、足がすくんで一歩も踏み出せなくなる。

このように、我々は、「**自己限定**」**の意識が心を支配した瞬間に**、**本来持っている能力を無残なほど発揮できなくなる**のである。それは、表面意識の「自己限定」はもとより、無意識の「自己限定」であっても同じである。

そして、それは、狭い道を歩くといった「肉体的能力」だけでなく、直観力や記憶力といった「精神的能力」も、同様である。

例えば、大学の入学試験などで、いつもの校内試験では良い成績を残すのに、本番の試験では上がってしまい、持てる力を発揮できなくなる例など、決して珍しくない。また、社運を賭けたような極めて重要な商談において、「今日の商談は絶対に失敗できない」「いや、失敗したらどうしよう」「自分では、この強面《こわもて》の顧客を説得できないのではないか」といった「想念の負のスパイラル」に入ってしまうと、強いプレッシャーと「自己限定」の意識の中で、いつもなら閃く直観が働かず、簡単なことさえ思い出せないといったことも起こる。

このように、心の中に宿る「自己限定」の意識は、我々の「肉体的能力」だけでなく、「精神的能力」をも大きく萎縮させてしまうのであるが、この事実を理解するならば、我々は、昔から多くの人々が抱いてきた一つの疑問に、答えを見出すだろう。

天才は、なぜ、驚異的な才能を開花させることができるのか。

その疑問である。

なぜ、天才は、驚異的な才能を開花させることができるのか

実際、科学・技術の分野であれ、絵画・音楽の分野であれ、文学・文筆の分野であれ、いかなる分野においても、世の中で「天才」と呼ばれる人は、周りの誰が見ても、驚異的なほど、その才能を開花させている。

その姿を見て、多くの人々は、その才能を敬し、羨むと同時に、「あの人は、天与の才能があるから…」「あの人は、生まれつき頭の構造が違うから…」「あの人は、遺伝子やＤＮＡが違うから…」といった言葉とともに、その才能が「生得的」なものであり、自分たち普通の人間には決して開花させることができないものであるとの諦めを抱き、深い「自己限定」の意識を抱いてしまう。

しかし、世の中で「天才」と呼ばれる人々を見ていると、実は、分野は違っても、一つ、共通の特長があることに気がつく。

それは、何か。

「自己限定」をしない。

実際、「天才」と呼ばれる人々は、不思議なことに、それが科学・技術の分野であっても、絵画・音楽の分野であっても、文学・文筆の分野であっても、決して「自己限定」をしないのである。**「自分には、できない…」「自分には、無理だ…」「自分には、不可能だ…」**といった**「自己限定」の意識を持たない**のである。

例えば、iPod、iPhone、iPadなどの開発によって情報技術の分野で劇的な変革をもたらしたアップル・コンピュータの創業者、スティーブ・ジョブズ。誰もが「天才」と認めるジョブズは、「**現実歪曲空間**」（Reality Distortion Field：ＲＤＦ）を生み出す能力があると言われていた。

すなわち、ジョブズが一つの製品の開発を提案するとき、最初は、周りのスタッフの誰もが「現実的に見てそれは不可能だ」と思うコンセプトを提示するのだが、それらのスタッフがジョブズと熱い議論をしていると、段々と、それが実現できそうな気がしてくるのである。

これを、周りのスタッフが尊敬の念を込めて「現実歪曲空間」を生み出すカリスマ的能力と呼んだわけであるが、もし、ジョブズが「天才」であるならば、それは、何よりも、彼が「自己限定」をしない人物であったからであろう。

こうした「自己限定」の意識を持たないという特長は、ジョブズだけでなく、現代の天才的起業家と呼ばれているイーロン・マスクが、堂々と、二〇二〇年代に「火星移住計画」の第一段階をスタートすると宣言している姿も同様であるが、古くは、天才的発明家エジソンが、数千回の材料実験に失敗したとき、「素晴らしい成果を挙げた。これらの実験を通じて数千種類の材料が役に立たないことを発見したからだ」と述べたことにも象徴されている。

そして、天才が「自己限定」の意識を持たないという事例の極めつけは、軍事的な天才と呼ばれたナポレオン・ボナパルトが、「吾輩の辞書に不可能という文字は無い」という言葉を残していることであろう。

もとより、「天才」と呼ばれる人々の特長は、これ以外にも、人並外れた努力をすることや、強い信念を持つことなどがあるが、最も重要な共通項は、「自己限定」をしないということであろう。

それが、彼等が、精神的な能力を萎縮させず、その才能を大きく開花させた理由であるが、もしそうであるならば、**我々一般の人間もまた、もし、心の中にある「自己限定」の意識を払拭できれば、隠れた能力や眠っている才能が大きく開花する**のであろう。

しかし、残念ながら、我々の多くは、それができない。心の奥深くにある「自己限定」の意識を払拭することができない。

それは、ある意味では、自然なことであろう。

なぜなら、我々は、誰もが、その人生において、様々な挫折と敗北を体験するからである。

すなわち、我々は、誰もが、子供の頃から、人生における様々な逆境に直面し、その壁の前で、「物事が自分の思うようにならない」という体験をしているからである。

そして、我々は、誰もが、この社会において、他者との競争に投げ込まれ、その競争での敗北を通じて、「ある能力において自分が劣っている」という現実を突きつけられる体験をしているからである。

それゆえ、そうした**逆境での挫折の体験、競争での敗北の体験を通じて、我々の心の中には、「自分には、できない…」「自分には、無理だ…」「自分には、不可能だ…」といった否定的な想念と「自己限定」の意識が刷り込まれてしまう**からである。

では、なぜ、「天才」と呼ばれる人々は、世に溢れる否定的な想念の「刷り込み」にもかかわらず、決して「自己限定」をしないのか。自分の可能性を信じられるのか。

もし、その理由を知ることができるならば、我々は、天才が才能を開花させる「秘密」を知ることができるのであり、そのとき、我々は、自らの才能を開花させる「技法」を知ることができるのであろう。

では、天才は、なぜ、「自己限定」をしないのか。自分の可能性を信じられるのか。

これも、誤解を恐れず、述べよう。

天才は、自分の発想やアイデアを、
「自分が生み出した」と思っていないからである。

天才は、自分の発想やアイデアが、
「どこかから降りてきた」と思っているからである。

こう述べると、あなたは驚かれるかもしれない。

しかし、「天才」と呼ばれる人々は、口に出して言うか言わないかの違いはあるが、誰もが、自分の発想やアイデアが「大いなる何か」に繋がることによって降りてきた、という感覚を持っているのである。

なぜ、天才は、「叡智が降りてくる」と語るのか

例えば、版画家の棟方志功《むなかたしこう》は、自らの作品を評して、「**我が業は、我が為すにあらず**」という言葉を残している。すなわち、それは、「自分の作品は、自分が創ったものではない。大いなる何かに導かれて生まれてきたものである」という意味であろう。

また、名曲「戦場のメリークリスマス」で知られる音楽家、坂本龍一氏は、この曲が生まれた瞬間について、ある対談で、次の興味深いエピソードを述べている。

「この曲は、二週間程度の作業の後、突然意識がなくなって、目が覚めたら譜面が書いてあったんです。ハーモニーの調整はありましたけど、まさに自動筆記みたい、自分が作った気がしないんですよ…」

このように、「**天才**」**と呼ばれる人々の多くは、自分の仕事や作品が「大いなる何か」と繋がることによって、導かれるように生まれてきたという感覚を持っているの**である。

そして、ここで言う「大いなる何か」とは、ときに神、ときに仏、ときに天と呼ばれるものであるが、ここで重要なことは、「そうした神、仏、天と呼ばれる大いなる何かが存在するのか、否か」ではない。

ここで重要なのは、「天才」と呼ばれる人々が、自分の発想やアイデアが、そうした「大いなる何か」に繋がることによって「降りてくる」と感じているという事実であり、そのことが、「自己限定の払拭」と「隠れた才能の開花」という点で、重要な意味を持っているのである。

なぜなら、こうした「**自分は、大いなる何かと繋がっている**」「**自分は、大いなる何かに導かれている**」**という感覚は、自然に、ある種の**「**全能感**」＝「**自分は無限の力を持っているという感覚**」**に結びついていく**からである。

すなわち、この感覚は、言葉を換えれば、「自分という小さな存在の限界を超えて、大きな力が与えられる」という感覚であり、それはそのまま、「**自分の力を、自分という小さな自己の内部に限定しない**」**という意識、すなわち、**「**自己限定をしない**」**という意識**に他ならない。

従って、敢えて簡潔に述べるならば、**「天才」と呼ばれる人々が、その才能を大きく開花させることができるのは、彼らが「自己限定」をしないからであり、彼らが「自己限定」をしないのは、彼らが「自分は、大いなる何かと繋がっている」「自分は、大いなる何かに導かれている」という感覚を持ち、「必要な叡智は、自然に降りてくる」という感覚を持っているからである。**

そして、もし、そうであるならば、我々一般の人間も、心の中に「自分は、大いなる何かと繋がっている」「自分は、大いなる何かに導かれている」という意識を持ち、「必要な叡智は、自然に降りてくる」と信じ、心の中の「自己限定」の意識を払拭することができるならば、我々自身の想像を遥かに超えた才能を開花させ、発揮することができるのであろう。

しかし、こう述べてくると、あなたは、こう思われるのではないだろうか。

「たしかに、自己限定を払拭するための自己暗示として、『自分は、大いなる何かと繋がっている』『自分は、大いなる何かに導かれている』と思い、『必要な叡智は、自然に降りてくる』と考えることは、意味があるかもしれない。

しかし、実際に、そうした『大いなる何か』など存在するのか。『天才』と呼ばれる人々は、その存在を『信じ込める』力を持っているのだろうが、その存在を信じられなければ、その自己暗示もできず、心の中の自己限定を払拭することもできないのではないか…」

現代科学がベールを剝がしつつある「天才」の秘密

たしかに、その通り。

筆者も、永く、そう考えてきた。

「天才」と呼ばれる人々は、筆者のような一般の人間では及びもつかないほど、「自分の人生は、大いなる何かに導かれている」と思い込める人であり、「自分は、大いなる何かと繋がっている」と信じ込める人であると考えてきた。

そして、筆者は、大学の工学部で永く研究者の道を歩んできた人間であり、科学者としての唯物論的な世界観を持ってきた人間であるため、こうした「大いなる何か」と呼ばれる存在や、「大いなる何かと繋がる」という現象については、オカルト的な怪しさを感じ、疑問を抱いてきた。

しかし、一方で、筆者は、一人のプロフェッショナルとしての歩みの中で、何かの発想やアイデアが「突如、降りてくる」という感覚を持つことが、歳を重ねるにつれて増えてきたことも事実である。

もとより、筆者は、天才などではなく、ごく普通の人間であるが、周りのプロフェッショナルの人々に訊いても、同様の体験を持っている人が数多くいることにも気がついてきた。

そして、仕事において新たな発想やアイデアが「降りてくる」だけでなく、なぜか、人生においても不思議な「予感」が働くことや、何かの「直観」が働くようになってきたことも事実であった。

しかし、繰り返しになるが、原子力工学の研究者としての道を歩んできた人間としては、こうした体験を、すぐに「神秘体験」として論じたり、「超越的存在」といった言葉で論じたりすることには、大きな抵抗があった。

では、**なぜ、現実に、我々は、何かの発想やアイデアが「降りてくる」という感覚を抱くのか、なぜ、我々は、ときに不思議な「予感」や「直観」が働くのか。**

おそらく、あなたも含め、そうした体験を持っている人は決して少なくないだろう。では、なぜ、我々は、従来の科学では説明できない、そうした不思議な体験を持つのか。

筆者は、永年、その疑問を抱いて歩んできたが、その疑問への答えを模索する歩みの中で、二〇年余り前、一つの科学的仮説にたどり着いた。

それは、現代科学の最先端、量子物理学（Quantum Physics）の世界で論じられている、一つの興味深い「仮説」である。

それは、「**ゼロ・ポイント・フィールド仮説**」と呼ばれるものであるが、この仮説を知ったとき、筆者は、原子力工学の専門家として、それが決して怪しげな非科学的な理論ではなく、まっとうな科学的議論に値する仮説であることを感じた。

そして、もし、この仮説が正しければ、先ほどから論じている「大いなる何か」の正体が明らかになるだけでなく、さらには、人類の数千年の歴史の中で、多くの宗教家によって語られ、無数の人々によって信じられてきた神、仏、天という「大いなる何か」の正体もまた、明らかにされるのではないかとの予感を抱いた。

もとより、このテーマは、本書の『直観を磨く－深く考える技法』という主題からは、大きく広がってしまうテーマではあるが、拙著『運気を磨く』においても触れ、極めて多くの読者の興味を惹いたテーマでもあり、また、思考法や発想法、直観力や創造力を扱った他の類書では触れられていないテーマでもあるので、本書では、敢えて、誤解を恐れず、この仮説を紹介しておこう。

ただし、もし、あなたが、ここまでの話を読まれて、「自分は、大いなる何かと繋がっている」「自分は、大いなる何かに導かれている」と思い、「必要な叡智は、自然に降りてくる」と無条件に信じられるならば、この後の「ゼロ・ポイント・フィールド仮説」について読まれる必要はないだろう。

その信念を大切に、自己限定をせず、日々の仕事を通じて努力を続けていかれるならば、必ず、自らの中に眠る素晴らしい才能を開花させていかれるだろう。想像を超えた可能性を開花させていかれるだろう。

ただ、もし、あなたが、「大いなる何か」とは何かについて、深く考えてみたいと思われるならば、この先を読んで頂きたい。

ただし、筆者の語ることを「鵜呑《うの》み」にされることなく、「健全な懐疑心」を持って、読み進めて頂きたい。

なぜなら、筆者自身も、その「健全な懐疑心」を大切にしながら、この「ゼロ・ポイント・フィールド仮説」に向き合っているからである。

「フィールド」には、すべての情報が記録されている

では、この「**ゼロ・ポイント・フィールド仮説**」とは、いかなる仮説か。

この仮説については、先ほどの拙著『運気を磨く』において詳しく述べたが、ここでは、その要点を語っておこう。

一言で言えば、「ゼロ・ポイント・フィールド仮説」とは、**この宇宙に普遍的に存在する「量子真空」の中に「ゼロ・ポイント・フィールド」と呼ばれる場があり、この場に、この宇宙のすべての出来事の情報が記録されているという仮説**である。

こう述べても、あなたは、にわかには信じがたいであろう。

実は、筆者も、そうであった。

しかし、筆者の専門である量子物理学の観点から見ると、この宇宙に「量子真空」(Quantum Vacuum)と呼ばれるものが存在し、その場が、「ゼロ・ポイント・エネルギー」で満たされているということは、現在、科学的事実として認められている。

このことを分かりやすく言えば、例えば、ある密閉された容器の中から空気を含むすべての物質を外に吸い出し、容器の中を完全な「真空」の状態にしても、なお、その「真空」の中には、ある種のエネルギーが存在しているということである。

たしかに、ここまでは科学的事実であるが、では、なぜ、この「量子真空」の中のゼロ・ポイント・フィールドに、この宇宙の出来事のすべての情報が記録されているのか。

それは、誰もが、最初に抱く疑問であろう。筆者も、最初にその疑問を抱いた。

特に、それが「デジタル情報」として記録されているなどという仮説であれば、筆者は、この仮説を一笑に付したであろう。まともに議論もしなかったであろう。

しかし、この仮説は、**この宇宙の出来事のすべての情報が、「ゼロ・ポイント・フィールド」の中に、「波動情報」として記録されている**という仮説である。

しかも、それは、「波動干渉」を利用した「ホログラム的な構造」で記録されているというのである。

そのことを知ったとき、筆者は、一人の原子力工学者として、この仮説が決して一笑に付することのできないものであることを感じた。

なぜなら、**量子物理学的に見るならば、我々が、「硬い物質」と思っているものも、「目に見えない精神」と思っているものも、その本質は、すべてエネルギーであり、**

波動だからである。

例えば、ガラスを鉄の棒で叩いて、それが硬い物質に感じるのは、鉄原子という波動エネルギーの塊が、ガラスを構成するシリカの原子や酸素の原子の波動エネルギーの塊と反発するからである。また、我々の意識や精神というものが、脳内のニューロンの電気信号であるならば、それもまた、波動エネルギーに他ならないからである。

すなわち、この宇宙の出来事とは、それが銀河系宇宙の生成であろうが、地球という惑星の誕生であろうが、ローマ帝国の興亡であろうが、あなたの今朝の食事であろうが、その食事が美味いと思ったことであろうが、その本質は、量子物理学的に見るならば、すべて波動エネルギーなのである。

従って、もし、量子真空内のゼロ・ポイント・フィールドが、この宇宙に生まれたすべての波動を「波動情報」として記録しているのであれば、この宇宙のすべての出来事を記録しているという仮説は、決して荒唐無稽な理論ではない。

しかも、その記録の方法が、「ホログラム的構造」で記録するのであるならば、その記憶容量は、事実上、無限大である。なぜなら、よく知られているように、現代の最先端技術で様々に活用されているホログラムは、波動干渉を利用した記録方法であり、角砂糖一個程度の媒体に、国会図書館の蔵書全ての情報が記録できるような記録方法だからである。

そして、この量子真空の中のゼロ・ポイント・フィールドに、この宇宙のすべての出来事が波動情報として記録されるということの、もう一つの説得力は、**量子的な場(Quantum Field)においては、「エネルギーの減衰」が起こらない**からである。

すなわち、この**ゼロ・ポイント・フィールドに波動として記録された情報は、決してエネルギーの減衰にともなって消えてしまわない**のである。言葉を換えれば、**どれほどの時間が経過しても、消えてしまわない**のである。

周波数を合わせた瞬間に降りてくる「無限の叡智」

しかし、こう述べても、まだ、理解しにくいと感じられているかもしれない。

そこで、誤解を恐れず、分かりやすい譬《たと》えをしてみよう。

昔から、アマチュア無線を楽しむ人々がいるが、これは、法律的な認可を受けたうえで、個人で無線局を開設し、ある周波数帯で、電磁波による波動情報を発信、受信し、それによって、自由に様々な音声メッセージを送り、また、様々な音声メッセージを受け取ることができるものである。

例えば、米国のSF映画『コンタクト』では、女優のジョディ・フォスターが演じる主人公が、このアマチュア無線を使って、世界中の人々と通話を楽しむ場面が出てくるが、このアマチュア無線では、電波さえ届けば、地球の反対側から送られてくるメッセージを受信することも、地球の反対側にメッセージを送信することもできる。

しかし、当然のことながら、この無線に使われるのは電磁波であるため、距離が遠ければ、その波動エネルギーは減衰し、時間が経てば、その波動エネルギーは消失してしまう。

だが、もし、仮に、この電磁波の波動エネルギーが、決して減衰することが無ければ何が起こるだろうか。

我々の目の前にある空間の中を、無数の波動エネルギーが飛び交い続けることになる。それは、すなわち、現在、通信している自分のメッセージと相手のメッセージだけでなく、一〇年前に発信された自分のメッセージも、五〇年前に地球の裏側から発信された誰かのメッセージも、さらには、これまで、地球上で電波として発信されたすべてのテレビ、ラジオの情報も、そのすべてが、波動エネルギー＝波動情報として飛び交い続けることを意味している。

そして、もし、我々が、それらの波動情報に、周波数を合わせることができれば、瞬時に、過去から現在に至るまで発信されたすべての波動情報を受信できることを意味している。

しかし、現実には、アマチュア無線やテレビ、ラジオの情報は、電磁波によって送られているため、距離や時間によって減衰し、こうしたことは決して起こらない。

だが、量子真空の「ゼロ・ポイント・フィールド」が記録する情報は、量子的波動であるため、減衰が起こらない。それゆえ、そこに記録される情報は、この宇宙の過去から現在までの出来事のすべての情報であり、ある意味で「無限の情報」と言っても良い。

そうであるならば、**もし、我々の脳や心が、この「ゼロ・ポイント・フィールド」に繋がることができるならば、我々は、その「無限の情報」に繋がることができるの**である。

そして、スティーヴン・ホーキングと共にブラックホールの特異点定理を証明した英国の理論物理学者、ロジャー・ペンローズらによって、近年、提唱されている「**量子脳理論**」(Quantum Brain Theory) では、**我々の脳や心の中で起こっている情報プロセスが、量子的プロセスであるとの仮説が論じられている。**

もし、そうであるならば、我々の脳や心が、この「ゼロ・ポイント・フィールド」に繋がるということも、科学的に見れば、決して荒唐無稽な仮説ではないのである。

神や仏の正体は「ゼロ・ポイント・フィールド」か

さて、以上が、現代科学の最先端、量子物理学の世界で論じられている「ゼロ・ポイント・フィールド仮説」であるが、もとより、この理論は、現時点では、あくまでも「仮説」である。

従って、それを、どう解釈するかは、すべて、あなたの判断である。


しかし、もし、この「仮説」が正しいとすれば、なぜ、天才が、新たな発想やアイデアが「降りてくる」と感じるのか、その理解の糸口が掴めるのではないだろうか。

また、なぜ、我々一般の人間でも、しばしば、自分の脳が考えたとは思えない「不思議な直観」が閃き、どこかから「降りてきた」としか形容できない「不思議な予感」に包まれるのか、その理解の手掛かりも得られるのではないだろうか。

そして、さらに、もし、この「仮説」が正しいとすれば、この第八話で述べてきた「大いなる何か」や「賢明なもう一人の自分」というものが何であるか、一つの理解が生まれるのではないだろうか。


すなわち、**昔から「天才」と呼ばれる人々が「繋がっている」と感じてきた「大いなる何か」とは、人類の歴史始まって以来のすべての叡智が記録されている、この**

「ゼロ・ポイント・フィールド」であり、昔から多くの人々が、神、仏、天という言葉によって、その存在を信じてきた「大いなる何か」とは、この宇宙の出来事がすべて記録されている「ゼロ・ポイント・フィールド」であるのかもしれない。

そして、**我々の心の奥深くにいる「賢明なもう一人の自分」とは、この「ゼロ・ポイント・フィールド」＝「大いなる何か」に繋がることのできる「特殊な心の状態」の自分を意味している**のかもしれない。

ここで「特殊な心の状態」とは、昔から「**無心のとき、直観が閃く**」と言われてきたように、日常の雑事に煩わされ、心の中のエゴに振り回されている自分は、この「ゼロ・ポイント・フィールド」＝「大いなる何か」と繋がることはできないが、我々の心が静かな状態になり、エゴが鎮まった状態になると、心の奥深くから、この「賢明なもう一人の自分」が現れ、「大いなる何か」と繋がることによって、ときに、「鋭い直観力」を発揮し、ときに、「膨大な記憶力」を発揮するのかもしれない。

そして、その「賢明なもう一人の自分」が、心の中の対話を通じて「深く考える力」を発揮してくれるのであろう。

フィールドに繋がる「賢明なもう一人の自分」

何度も述べるように、この「ゼロ・ポイント・フィールド仮説」は、現時点では「仮説」にすぎないが、しかし、筆者は、科学的教育を受けてきた原子力工学者として、同時に、永年、様々な直観的体験を持ってきた人間として、この仮説が否定できないとの感覚を持っており、従って、「賢明なもう一人の自分」がこの「ゼロ・ポイント・フィールド」と繋がっていることは、大いにあり得ると考えている。

そして、もし仮に、この「ゼロ・ポイント・フィールド仮説」が正しいことが実証されなかったとしても、**「自分は、大いなる何かと繋がっている」「自分は、大いなる何かに導かれている」という意識を持ち、「必要な叡智は、自然に降りてくる」と信じることによって、心の中の「自己限定」の意識を払拭することができるのであり、そのことによって、自身の中に眠る想像を超えた才能を開花させ、発揮することができるのである。**筆者は、何よりも、その現実的効用を大切にしたいと考えている。

実際、この「ゼロ・ポイント・フィールド仮説」に巡り会った二〇年余り前から、筆者は、「自分は、大いなる何かに導かれている」「そして、自分は、大いなる何かと繋がっている」「それゆえ、必要な叡智は、自然に降りてくる」と信じることに努め、そのことによって、「自己限定」の意識を払拭することに努めてきた。

そして、その時期から、シンクタンク活動の合間の時間を使って執筆活動を開始したが、この仮説を信じ、「必要な叡智は、自然に降りてくる」と信じて執筆を続けた結果、不思議なことに、地球環境論、資本主義論、民主主義論、情報革命論、未来予測論、企業経営論、プロフェッショナル論、仕事論、能力論、知性論、人生論、人間論、運気論など、様々なテーマで、九〇冊余りの著書を上梓する結果となった。そのジャンルについては、巻末の「主要著書」を参照して頂きたいが、筆者は、決して天才でもなく、才能に溢れた人間でもない。むしろ、若き日には、自身の才能の無さを嘆いていた普通の人間であるが、いま、こうした著作を振り返ってみて、「自己限定」をしないことによって与えられる不思議な力を感じる。そして、ときおり、「これらの著作を、本当に自分が書いたのだろうか…」との不思議な思いに囚われる。

実際、それらの著作は、自分が書いたものであるが、どの著作も、ある編集者との「縁」を感じる出会いがあり、その編集者との対話を通じて「このテーマで本を書こう」という思いが定まっていく。すると、不思議なほど、そのテーマに関する情報が目に入ってくる。それは、必ずしも書籍だけではない。ときに、雑誌の記事、新聞の論説、さらにはテレビの番組、ときに映画の主人公の台詞の中にさえ、そのテーマに関わる「何か」を感じる。それらは、いわゆる「**シンクロニシティ**」（**不思議な偶然の一致**）のような出会いでもある。そして、それらの断片的な情報との出会いの中から、これも不思議なほど、そのテーマに関する発想やアイデア、コンセプトが「降りてくる」のである。そして、ひとたび、その著作を書き始めると、いつも、心の奥深くの「賢明なもう一人の自分」が囁き始め、自然に筆が進んでいくのである。

筆者の過去の著作は、すべて、そうして生まれた作品であるがゆえに、時を経てそれらの著作を手に取って読むと、「これらの著作を、本当に自分が書いたのだろうか……」との不思議な思いに包まれるのである。

しかし、繰り返しになるが、筆者は、特に何かの特殊な能力や才能を持った人間ではない。むしろ、ごく普通の人間であるが、その人間が、ささやかながら、こうした「文筆家」としての才能を開花させることができたとすれば、その理由は、ただ一つ。

自分の中に、「大いなる何か」と繋がる「賢明なもう一人の自分」がいることを信じ、その「もう一人の自分」と対話をする技法を身につけ、磨いてきたからであろう。

その「大いなる何か」とは、この第八話で述べてきたように、「ゼロ・ポイント・フィールド」と呼ばれるものであると筆者は考えているが、では、どうすれば、この「ゼロ・ポイント・フィールド」と繋がる「賢明なもう一人の自分」が心の奥深くから現れてくるのか。そして、どうすれば、その「賢明なもう一人の自分」と対話することができるのか。

次の第二部においては、そのことを、筆者の体験を踏まえ、具体的、実践的な「七つの技法」として、分かりやすく述べていこう。

第二部　「賢明なもう一人の自分」と対話する「七つの技法」

第一話　「自己対話」第一の技法

まず、一度、自分の考えを「文章」に書き出してみる

考えを文章に表すことは「もう一人の自分」への呼びかけ

　この第二部においては、どうすれば、我々の心の奥深くの「賢明なもう一人の自分」が現れてくるのか、そして、その「もう一人の自分」と対話することができるのかについて、筆者の「思考のプロフェッショナル」としての永年の体験を踏まえ、実践的・具体的技法として、分かりやすく語ろう。

この「賢明なもう一人の自分」と対話するためには、様々な技法があるが、本書においては、誰でもすぐに実践できる技法として、「**七つの技法**」を述べよう。

まず第一の技法は、次の技法である。

第一の技法　まず、一度、自分の考えを「文章」に書き出してみる

すなわち、何かのテーマについて、自分の中にいる「賢明なもう一人の自分」と対話をしたいと思うならば、まず何よりも、そのテーマについて、自分の考えや思いを、そのまま「文章」にして書いてみるのである。

そして、次に、一度、時間を置き、心を整え、静かな心で、その文章を読み直すのである。

すると、心の奥深くから「賢明なもう一人の自分」が現れてくる。そして、この「もう一人の自分」が、その文章を「違う視点から見る」という形で、考えを深めてくれる。

例えば、夜、ある一つの考えを思いつき、それを文章にしていく。そのときは、自分の考えをうまく文章に表せたと思い、この考えで物事を進めていこうと考える。

しかし、一晩寝て、翌朝、心を整え、その文章を読み返すと、ふと「もう一人の自分」が現れてくる。そして、「いや、この考えだけではない。他の考えもある」などと語りかけてくる。

そのとき、昨夜の考えが、どこか一面的になっていたことに気がつく。すると、「もう一人の自分」が、「こうした視点から考えてみることも必要では…」などと囁きかけてくる。その結果、新たな視点、異なった視点で、その問題を考えてみようという気持ちになる。

実は、あなたも、こうした経験を持っているのではないだろうか。そして、こうした経験を持つ人は、決して少なくない。

しかし、ここで大切なことがある。

それは、こうした思考のプロセスを「**明確な技法**」として身につけることである。

では、「明確な技法」とは、何か。
それは、次の二つの技法である。

第一　徹底的なブレーン・ストーミングを行い、頭の中のアイデアを、一度、文章として表に出す。

第二　次に、そのアイデアがすべてであるとは、決して思わない。

この技法においては、特に、第二の技法が重要である。
なぜなら、第一の技法は、多くの書籍でも語られている方法であるが、この技法だけでは、**ブレーン・ストーミングで出たアイデアがすべてであるという「無意識の自己限定」を行ってしまう**からである。そして、この「自己限定」の状態では、心の奥深くから「賢明なもう一人の自分」が現れてこないからである。

むしろ、徹底的なブレーン・ストーミングを行うことの本当の意味は、頭の中から出すべきアイデアを出し切って、頭を空にすることにある。

このことによって、まず、心の中に「まだ思い出していないことがあるのではないか」という不安や懸念というストレスが無くなり、リラックスして、次のステップに踏み出せるのである。

そして、この空の状態で、「これだけがすべてではない」と自分の心の奥深くに呼びかけるのである。すると、しばしば、その心の奥深くから「賢明なもう一人の自分」が現れ、様々なアイデアを囁いてくれるだろう。

考えるだけで「もう一人の自分」が現れてくるようになる

しかし、こう述べると、あなたは、「先ほどから語っているのは、文章を書く技法ではないのか」と思われるかもしれない。

しかし、筆者は、ここで、「文章を書く技法」を述べているのではない。

あくまでも、「深く考える技法」を述べている。

なぜなら、本書で述べる修練を積んでいくと、いつか、**文章を書かなくとも、あることを考えた瞬間に、「もう一人の自分」が現れ、別の視点で何かを語り始める**からである。

かつて、臨床心理学者の河合隼雄氏が、その著書の中で、「何か一つのことを言うと、全く逆のことが言いたくなる」と述べているが、たしかに、その通り。

我々は、ある程度の修練を積んでいくと、何か一つのことを文章にしてみると、その文章を別な視点で読み、別の視点から語りだす自分が現れてくる。そして、いつか、それが、「文章にする」という行為を経なくとも、自然な思考の流れとしてできるようになるのである。

従って、**「考えを文章に表す」という修練は、究極、「文章に表すことなく考えを深める」ための修練に他ならない。**

それは、あたかも、算盤《そろばん》を学ぶことに似ている。算盤に習熟していくと、いつか算盤そのものが不要になり、頭の中だけで計算ができるようになるが、この「文章に表すことによって深く考える技法」も同様である。

しかし、こうした「文章に表すことなく考えを深める」ということが、自然にできるようになるためには、やはり、それなりの期間、「考えを文章に表す」という修業が必要である。

では、そのためには、どのような修業をするべきか。

毎日、「日記」を書くことである。

深夜の日記は「もう一人の自分」と対話する最高の習慣

なぜなら、「考えを文章に表すことが大切である」と述べても、実際、職業によっては、誰もが、毎日、仕事で考えを文章に表すということをしているわけではないからである。

その点、「日記」を書くということは、誰でも、自分の意志次第で始めることができる。

実際、現在の筆者は、多くの著書を上梓し、毎日、文章を書くことが仕事になっているが、若い時代には、特にそうした文筆業が仕事ではなかった。

しかし、筆者は、大学時代から、「日記」を書くことを習慣としており、日々、心に浮かぶ思いや考えを文章にするという修業を、この「日記」を書くという営みによって行ってきた。

ただし、ここで言う「日記」とは、近年、多くの人が行っている「ブログ」のような、公開され他人に読まれることを前提とした「日記」ではない。

それは、**自分だけが読み、誰の目にも触れない、古典的な意味での「日記」**である。

なぜなら、公開を前提とする「日記」は、しばしば、他人の目を意識して、自分の本当の思いや感情、考えや思考を、ありのままに書くことができないからである。

そして、**本来、「日記」というものは、そうした「秘された形」で書くとき、精神の成長と成熟にとって、大きな意味を持つ**のである。

筆者は、そうした意味での「日記」を、大学時代から書き始め、社会人になっても、一〇年近く、その習慣を続けたが、「日記」において、自分の思いや感情、考えや思考を、ありのままに書いていくと、不思議なほど、自分の中の「賢明なもう一人の自分」が囁き出すのである。

「その気持ちは分かるが、相手にも相手の思いがあるのではないか…」
「それはあの人の欠点でもあるが、それは、自分にもある欠点ではないのか…」
「本当に、その思いで進んで良いのか。いま、感情に流されているのではないか…」
「それは、自分のエゴが望む方向に、自分勝手に解釈しているのではないか…」

そして、こうした「賢明なもう一人の自分」との対話が、自然に思考を深めてくれるのであり、こうした対話の習慣を通じて、自然に成熟した思考のスタイルが身につくのである。

ちなみに、こうした「自己対話」の形での「日記」を書くことは、ある意味での、**「セルフ・カウンセリング」の技法**にもなっており、仕事や人生において困難や逆境に直面したとき、自身の心を支え、心の成長を支える「心の技法」としても、優れた方法である。

ときに、筆者の意図を超えて「筆が走る」ことが起こる

このように、「深く考える力」を身につけるためには、まず、思いや考えを文章にするという習慣が大切であるが、そのために、「日記」を書くという習慣は、最も容易に始めることのできる修業である。

そして、この**「日記」とは、まさに、自分の中の「賢明なもう一人の自分」との対話**であり、そうした「自己との対話」によって思索を深めていく習慣を永年続けた結果、いつか、筆者は、「文章に表すことなく考えを深める」ということが、自然にで

きるようになったのである。

ちなみに、筆者は、こうした修業を続けて五〇年を越えるが、現在、文筆家として文章を書くとき、この「賢明なもう一人の自分」と対話しながら書いていると、ときおり、「自己との対話」ということを超え、**文章そのものが、あたかも命を持っているかのように、自ずから完成していく**という感覚を持つことがある。

これは、不思議な感覚であるが、実は、文筆の世界のプロフェッショナルは、それなりの修業を積むと、誰もが経験することのようである。

その一つの例が、第一部の第七話で紹介した、芥川賞作家の遠藤周作氏のエピソード、「心中物語を書こうと思ったら、書いている途中で、主人公が『死にたくない!』と叫び出し、結局、この主人公を殺せなかった」というエピソードであるが、筆者も、いまだ文章修業中の身ではあるが、同様の体験がある。

例えば、拙著『運気を磨く』の執筆において、当初は、量子物理学と運気の関係や「ゼロ・ポイント・フィールド仮説」について、あまり詳しく書くつもりはなかったのだが、書いているうちに、筆が走り始め、気がついたら三〇頁以上も書くことになってしまった。そして、筆者は、他の著書の執筆においても、こうした「筆が勝手に走り始める」ということを、何度も体験している。

ついでに言えば、こうして「筆が勝手に走り始めた状態」で書いた原稿は、後日、推敲《すいこう》・修正をしようと思っても、書き上げた段階で、原稿が完成しており、修正の筆が入らないということも、しばしば起こる。これも、いつも感じる不思議な感覚である。

少し話が広がったが、このように、**「自己対話」の技法で文章を書き始めると、「賢明なもう一人の自分」が筆者の意図を超えて動き出し、ときに、「筆が勝手に走る」という形で、その文章を導いていく**ということも、しばしば起こるのである。

第二話　「自己対話」第二の技法

心の奥の「賢明なもう一人の自分」に「問い」を投げかける

「もう一人の自分」は、自問自答に、そっと耳を傾けている

では、「賢明なもう一人の自分」の叡智を引き出す第二の技法は、何か。

それは、次の技法である。

第二の技法　心の奥深くの「賢明なもう一人の自分」に「問い」を投げかける

この「問いを投げかける」ということは、実は、人類の歴史においては、古代ギリシアの思想家、ソクラテス、プラトン以来、思考を深め、思索を深めていくための明確な技法として受け継がれてきた。第一部の第二話で述べた「**弁証法**」(**Dialectic**)という言葉の起源も、この「問答=対話」にある。

そして、現代においても、「**質問力**」という言葉があるが、**質問をする、問いを投げかけるということは、考えを深めていくための優れた技法である。**

筆者が、かつて若き日に薫陶を受けた、米国カリフォルニア大学バークレー校のトーマス・ピグフォード教授は、学生に対して、常に「Why?」という言葉を発しながら、その思考を深めることを促していた。

このように、ソクラテスもプラトンも、ピグフォード教授も、相手に対して問いを投げかけることによって、その思考の深まりや思索の深まりを促したが、これは、そのまま、我々の中にいる「賢明なもう一人の自分」の叡智を引き出す技法にもなる。

例えば、自分で、ある考えを文章に表していくと、ふと、一つの「問い」が心に浮かんでくる。その「問い」を自分自身に問うと、最初は、心に何も浮かんでこないが、しばらくすると、自問自答の形で、心の奥深くから「答え」が浮かび上がってくることが起こる。この「しばらく」とは、ときに、若干の休憩の後であったり、翌日の朝であったり、数日後であったりするが、一定の時間を経て、「答え」が浮かび上がってくることは、しばしば起こる。

では、なぜ、こうしたことが起こるのか。

それは、**「賢明なもう一人の自分」は、実は、心の奥深くでこうした「自問自答」に静かに耳を傾けているからである。そして、しばしば、その「問い」に刺激を受け、動き出し、ふとした形で、その「答え」を教えてくれるのである。**

筆者の場合、若き日から書き続けてきた日記の中で、しばしば、この「自問自答」を行った。

日記において、ある考えを文章に表していくと、ふと、一つの「問い」が心に浮かんでくる。その「問い」を、自問自答の形で日記の中に書くと、その日記を書き進めているうちに、まもなく、心の奥深くから一つの「答え」が浮かび上がってくるのである。

例えば、仕事において、あるプロジェクトがトラブルに直面したとき、日記の冒頭で、「なぜ、こんな悪いタイミングでトラブルが起こったのか？」との「問い」を書き、その問いを自分に投げかける。そして、最初は、日記に、そのトラブルの原因を、「プロジェクトメンバーの誰の責任か？」といった視点で書き始めるのだが、しばらくすると、心の奥深くから、「やはり、他の誰でもない、自分に原因があり、責任があるのではないか」という声が聞こえてくる。

それは、「賢明なもう一人の自分」が心の奥深くで、その「問い」に耳を傾けており、深い叡智に基づく「答え」を語りかけてくれる瞬間でもある。

もとより、自分自身に「問い」を投げかけると、必ず、「賢明なもう一人の自分」が「答え」を教えてくれるわけではないが、筆者の経験では、こうしたことが、しばしば起こる。

本書において、また、筆者の著書や雑誌のエッセイにおいて、「それは、なぜか」「では、どうするか」といった言葉がしばしば出てくるが、それは、読者への問いかけであるとともに、「自問自答」の形を通じて、筆者自身が、心の奥深くの「もう一人の自分」に呼びかけ、その叡智を借りながら、思考を深め、文章を展開しているからでもある。

従って、「それは、なぜか」という問いの後に書こうと思っていた「なぜなら…」という答えの内容が、書き進めているうちに、自身の予想を超え、さらに深まっていくことは、しばしば起こる。

また、「それは、なぜか」という形で読者への問いかけをするのは、ただ、筆者の考えを次々と述べていくのではなく、読者と共に、思索を深めていきたいと考えているからでもある。

しかし、先ほど述べたように、この「賢明なもう一人の自分」は、どのような場面でも、投げかけた「問い」に対して、すぐに「答え」を教えてくれるわけではない。

では、そのとき、どうするか。
それが、次の第三の技法である。

第三話　「自己対話」第三の技法

徹底的に考え抜いた後、一度、その「問い」を忘れる

「もう一人の自分」は、「問い」を忘れたとき、考え始める

さて、「自己対話」の第三の技法とは、次の技法である。

第三の技法　徹底的に考え抜いた後、一度、その「問い」を忘れる

すなわち、自分に「問い」を投げかけたうえで、一度、その「問い」を忘れること

である。それが、「賢明なもう一人の自分」の叡智を借りる第三の技法であるが、では、なぜ、これが必要か。

なぜなら、昔から「無心のとき、直観が閃く」と言われるが、**「賢明なもう一人の自分」の直観力は、我々の表面意識で「答えを知りたい」という気持ちが強すぎると、働かない**からである。

とはいえ、我々が問題に直面するときは、その問題が重要な問題であればあるほど、「この問題の答えを知りたい！」という気持ちが勝るのは、ごく自然な人情でもある。

しかし、残念なことに、なぜか、こうした気持ちが強すぎると、「賢明なもう一人の自分」は動き出さないのである。

おそらく、「この問題の答えを知りたい！」という意識が強すぎる状態というのは、ほとんどの場合、自分の中のエゴが強く動いている状態であり、そうした状態においては心の中に雑念が溢れるため、それが雑音となって「賢明なもう一人の自分」は、「叡智の海」である「ゼロ・ポイント・フィールド」（以下、「フィールド」と呼ぶ）と繋がることができないからであろう。

それゆえ、ノーベル賞を受賞するような科学者の「天才的直観」と呼ぶべき素晴ら**しいアイデアは、「答えを見つけよう！」と必死に考え、考え、考え尽くして、疲れ果て、一度、その問題から離れ、休息をとったときや、睡眠をとったとき、さらには、他の仕事に集中したときや、何かの遊びに没頭したとき、突如、閃くことが多い**と言われる。

実際、化学の分野でベンゼン環の構造式を最初に提案したドイツの化学者、アウグスト・ケクレは、寝ているとき、蛇が自分の尻尾を噛《か》んで輪状になっている夢を見て、そのアイデアを思いついたと言われる。また、ミシンの開発において、針の先端に穴を開けるという卓抜なアイデアを思いついた米国のウォルター・ハントも、夜寝ているとき、夢の中に槍《やり》を持った原住民が現れ、その槍の先端に穴が開いていたことから思いついたと言われる。

このように、「答えを知りたい！」「答えを見つけよう！」という意識が強すぎるときには「賢明なもう一人の自分」は現れず、その「直観」も閃かないのであるが、その問題を徹底的に考えた後、一度、その問題から離れ、その問いを忘れたとき、また、夜中に「夢」を見ているとき、さらには、瞑想などで「無心」の状態になったとき、心の奥深くの「賢明なもう一人の自分」が動き出し、「直観」が閃くのである。

実際、筆者も、シンクタンクの時代、斬新なプロジェクト企画を求め、メンバーとともに深夜までの企画会議を行うことが何度もあったが、そのときも、「問い」を忘れたとき「賢明なもう一人の自分」が動き出し、素晴らしいアイデアを教えてくれるということを、幾度も体験した。

すなわち、企画会議で「知の格闘技」とでも呼ぶべき白熱した議論を続け、深夜になっても良いアイデアが生まれず、「我々の出せる智恵も、ここまでか…」との思いで、会議を中断し、外で夜食をとってオフィスに戻るということが何度もあった。しかし、夜食の店のテレビで野球の試合結果などを観て、「おお、今日は、このチームが勝ったか…」などと語り合い、その企画のことを忘れ、リラックスした気分でオフィスに戻るとき、不思議なことに、その路上で、突如、新たなアイデアが降りてくるのである。それは、いつも、文字通り「不思議」と呼ぶべき感覚なのであるが、筆者は、そうした経験が、何度もある。

このように、ある問題を徹底的に考えた後、一度、その問題から離れ、その問いを忘れたとき、心の奥深くの「賢明なもう一人の自分」が動き出し、「直観」が閃くのである。

あなたにも、そうした経験があるのではないだろうか。

ちなみに、こうした「問題を徹底的に考えた後、一度、その問題を忘れ、そして、待つ」という知的創造のプロセスにおいて、この「待つ時間」は「**インキュベーション期間**」と呼ばれている。「インキュベーション」とは「卵を孵化《ふか》させる」という意味の言葉であり、従って、「インキュベーション期間」とは、心に抱く「問い」が、新たな発想やアイデアの「卵」であり、それが心の奥深くで「孵化」し、一つの「答え」として生まれてくるのを待つ時間であるとも言える。

従って、本書の文脈で述べるならば、この「インキュベーション期間」とは、心の奥深くに「問い」を投げかけ、その「問い」に「賢明なもう一人の自分」が耳を傾け、我々に、その「答え」を教えてくれるまでの時間であるとも言える。

いずれにしても、ここまで述べてきたように、**我々の中の「賢明なもう一人の自分」が動き出すためには、我々の心が「無心」と呼ぶべき状態になることが一つの重要な条件である**が、では、「賢明なもう一人の自分」が動き出すのは、「無心」になったときだけだろうか。

実は、我々が、もう一つの心の状態になったときにも、この「賢明なもう一人の自分」は、動き出す。

それは、「追い詰められた」ときである。

我々が「追い詰められた」ときにも、不思議なほど、心の中の「賢明なもう一人の自分」が動き出すのである。

そして、その性質を活かしたものが、次の第四の技法である。

第四話 「自己対話」第四の技法

意図的に「賢明なもう一人の自分」を追い詰める

「もう一人の自分」は、追い詰められたとき、動き出す

例えば、原稿の締め切りに追われて、もう時間が無いときなど、それまで動かなかった「賢明なもう一人の自分」が、突如、動き出し、「閃き」という形で原稿のアイデアを教えてくれることがある。あなたも、そうした経験を持っているのではないだろうか。

従って、「賢明なもう一人の自分」の、この性質を意図的に活かしたものが、叡智を引き出すための第四の技法である。

第四の技法　意図的に「賢明なもう一人の自分」を追い詰める

すなわち、「原稿」であれば、締め切りを明確に定め、自分を追い詰める。「企画」であれば、「いつまでに企画を出す」と上司や同僚に宣言してしまい、自分を追い詰めるということである。

実際、分野を問わず、**熟練のプロフェッショナルは、自分の中から「賢明なもう一人の自分」を引き出し、その「直観」を引き出すために、自らの退路を断ち、自らを追い詰める技法を身につけている。**

それは「執筆」や「企画」のプロフェッショナルだけではない。「語り」のプロフェッショナルも、数百名の聴衆が聴いている講演会やシンポジウム、数十万人の視聴者が観ているテレビ番組といったプレッシャーの中に、敢えて身を置くということを行っている。

例えば、永年にわたりテレビで生放送の時事番組を担当した著名なキャスターは、「生放送の番組の方が、録画の番組よりも、ゲストから良いコメントを引き出せる」と語っている。これも、「撮り直しができない」という追い詰められた緊張感の中で、優れた直観が閃き、キャスター、ゲスト共に、良いコメントが生まれることを述べているのである。

実は、筆者も、この番組に何度もゲストコメンテーターとして招いて頂いているが、たしかに、録画と編集、撮り直しを前提とした他の番組に比べて、「もう、やり直しはできない！」という緊張感とプレッシャーの中でコメントを求められるこの番組の方が、なぜか、良いコメントが生まれるのである。

そして、いま、「生まれる」と述べたが、こうした場面でのコメントは、自分が意識的に「考えて」語ったコメントではなく、自分の中から「賢明なもう一人の自分」が現れて、勝手に語ったコメントのように感じられるため、「生まれる」という表現になってしまうのである。

このキャスターとは、二〇回近く番組を共にしたが、ある番組では、番組終了の三

○秒前に、最後のコメントを返して「さあ、これで終わった」と思ったが、なぜか、このキャスターは、もう一度、筆者のコメントを求めてきた。その瞬間、表面意識の自分は、内心「何と！　この最後の三〇秒でまだ何かを言わなければならないのか！」と驚いているのだが、不思議なことに、心の奥深くから「賢明なもう一人の自分」が現れ、平然と最後のコメントを語ったのである。そして、表面意識の自分は、そのコメントを、「なるほど、そうした締めくくりのコメントがあるのか…」などと驚き、感心して聴いているのだが、キャスターからは、静かに最後のコメントを語る筆者がいたように見えたのであろう。

通常、時間リスクを考えると、こうした番組で、最後の三〇秒でコメントを求めてくることは無いのだが、このキャスターは、筆者の即興的コメント力とタイムキーピング力を信頼してくれていたので、こうした「遊び」を投げかけてきたのであろう。一人のプロフェッショナルとして、良い修業になった瞬間でもあった。

少し極端な例を挙げたが、このように、**追い詰められたとき、もしくは、意図的に自分を追い詰めたとき、「賢明なもう一人の自分」が動き出すのである。**だが、こう述べても、あなたは、「しかし、退路を断ち、自らを追い詰めると、自分が辛くなってしまうのではないか…」と思われるかもしれない。

たしかに、その通りであるが、その問いに対する答えを教えてくれる一つのエピソードがある。

プレッシャーを楽しむ「もう一人の自分」がいる

それは、米国の大リーグで活躍したイチロー選手のエピソードである。

イチロー選手が、観客からの大きな期待がかかる、ある重要な試合を前に、次のインタビューを受けた。

「イチローさん、明日の大試合を前に、大きなプレッシャーがかかるのではないですか？」

これに対して、イチロー選手は、次のように答えた。

「ええ、たしかに、大きなプレッシャーはかかりますが、そのプレッシャーを感じる自分と、そのプレッシャーを楽しむ自分がいるのですよ」

ここでイチロー選手が語る「もう一人の自分」は、本書において筆者が述べる「賢明なもう一人の自分」でもあるが、筆者にも、似た経験がある。

ふたたび個人的なエピソードで恐縮であるが、筆者は、シンポジウムなどで、パネリストとして壇上に並ぶとき、いつも、心の中で二人の自分の対話が始まるのである。壇上では、他のパネリストが順番にコメントを語っていく。著名なパネリストだけあって、どれも、なかなかに聴かせるコメントである。そして、自分の番が近づいてくる。しかし、自分が何を語るかは、まだ決まっていない。

表面意識の自分は、「おい、もうすぐ自分の番だぞ！　何を語るんだ！」と気をもんでいるのだが、心の奥深くの「賢明なもう一人の自分」は、「まあ、司会者から指名があったら、その瞬間に話すべきことが浮かんでくるよ。いつもそうじゃないか」と、そのプレッシャーを楽しむかのように、平然としている。

それでも、表面意識の自分は、内心、気をもんでいるのだが、いよいよ司会者からの指名があると、その瞬間に「賢明なもう一人の自分」が表に出てきて、不思議なほど、よどみなく、コメントを語り出すのである。

そして、そのコメントを、表面意識の自分は、半ば呆《あき》れ、半ば感心して聴いているのである。

実は、このエピソードは、あまり他人に語ることのないものであり、執筆や語りのプロフェッショナルとしては「職業秘密」に属する話をしているのであるが、もしかすると、こう述べても、あなたは信じられないかもしれない。

しかし、執筆や語りのプロフェッショナルは、誰もが、多かれ少なかれ、こうした体験を持っている。

大きなプレッシャーを感じながら、それを楽しむ自分がいる。

そして、その「楽しむ自分」とは「賢明なもう一人の自分」であり、その自分が、不思議なほど、必要な場面で、必要な叡智を教えてくれるのである。

しかし、筆者が、こうしたエピソードを語るのは、決して自身の才能を誇るような意味ではない。

筆者は、文章においても、語りにおいても、決して才能に恵まれた人間ではない。

高校時代は、クラス討論でも、恥ずかしいほどに話下手であったし、文章力も、大学時代、文才ある友人を見て、絶望感を味わった人間である。

しかし、そうした人間でも、プロフェッショナルとしての腕を磨く修練を続け、何よりも、自分の中にいる「賢明なもう一人の自分」を信じて修業を続けるならば、この程度の能力は身につけることができるのである。

筆者が、敢えて、このエピソードを語るのは、そのことを、あなたに伝えたいからに他ならない。

第五話 「自己対話」第五の技法

ときに「賢明なもう一人の自分」と禅問答をする

「賢明なもう一人の自分」は、「難しい問題」を好む

第二の技法においては、我々が、自分自身に「問い」を投げかけると、「賢明なもう一人の自分」は、心の深いところで、その「問い」に耳を傾けており、その「問い」を刺激として動き出し、しばしば、そっと、その「答え」を教えてくれるということを述べた。

それが「賢明なもう一人の自分」の性質であるが、**特に、その「問い」が、論理的**

に**矛盾した問い**、論理思考で答えるのが難しい問いである場合、すなわち、あたかも**「禅問答」のような問いである場合には**、むしろ、**不思議なほど、「賢明なもう一人の自分」が動き出す**のである。

従って、「賢明なもう一人の自分」と対話し、その叡智を引き出すための第五の技法は、次の技法である。

第五の技法　ときに「賢明なもう一人の自分」と禅問答をする

では、「禅問答」のような問いを投げかけるとは、どのような技法か。

それは、**論理的に矛盾した「対極の言葉」を結びつけて考える**という技法である。

例えば、本来、全く対極にある「未来」という言葉と「記憶」という言葉を結びつけ、**「未来の記憶」**という言葉を心に思い描いてみる。

すると、この言葉が刺激となり、触媒となって、「賢明なもう一人の自分」が動き出し、深い思索が始まる。

もし、これが「過去の記憶」という言葉であるならば、それは、あまりにも当たり前の言葉であるため、我々の思考を刺激せず、思索を深める触媒とはならない。

しかし、それが「未来の記憶」という言葉であるならば、本来、「未来」とは、文字通り、「未だ来たらず」であり、それが我々の記憶に残ることはないため、「未来の記憶」という言葉は、全く矛盾した言葉であり、意味の無い言葉のように思える。

しかし、この言葉を静かに見つめていると、我々の心の中の「賢明なもう一人の自分」が動き出し、その瞬間から、それが「深い意味」を持った言葉であるように思えてくる。

なぜなら、**我々誰もが、その人生を振り返るとき、あたかも「自分の未来が見えていた」と感じる経験や、「自分の人生の将来を予感していた」と感じる経験がある**からである。

例えば、筆者は、大学院を終えて実社会に出たとき、最初は、ある大手企業に勤めたのであるが、この会社での忙しい日々の中で、あるとき、会社の図書コーナーに無造作に置いてあった小冊子が目に入った。

その小冊子の表紙には、「シンクタンカー座談会」という文字が書いてあったのであるが、当時の筆者は、その「シンクタンカー」という言葉の意味が分からなかった。もとより、それは「シンクタンク研究員」といった意味の言葉なのであるが、当時の筆者は、「これは、船のタンカーの一種なのだろうか…」と勘違いをしたほどであった。

しかし、そのとき、なぜか、その意味も正確には理解できなかったこの言葉が、心に焼き付いたのである。なぜか、その言葉が、強い印象を持って筆者の記憶に残ったのである。

そして、言うまでもなく、いま振り返ると、このときの経験は、筆者自身の将来を教えていた「未来の記憶」と呼ぶべき出来事であった。

なぜなら、筆者は、この企業に在籍中に、米国に本拠を置く技術系シンクタンクのバテル記念研究所で働くことになり、さらに、我が国のシンクタンクである日本総合研究所の設立に参画することになり、その後は、ダボス会議を主催する政策シンクタンク、世界経済フォーラムのメンバーとなったからである。

ジェルソミーナの嘆きと最澄の言葉

このように、我々の中に眠る「**賢明なもう一人の自分**」は、こうした「**対極の言葉**」や「**逆説の言葉**」を**投げかけると、不思議なほど、深い思索に向かっていく**。

それは、この「未来の記憶」という言葉だけでなく、「無用の用」「無計画の計画」「逆境という幸運」「病という福音」「偶然が教える人生の意味」「最先端科学と古典的宗教との融合」などの「対極の言葉」も同様である。

なぜなら、本来、我々の人生は「大いなる逆説」の中にあるからであり、こうした「対極の言葉」は、しばしば、その人生の深い真実を言い当てているからである。

そして、「深く考える」とは、究極、「大いなる逆説」の中にある、人生の深い真実に目を向けることに他ならないからである。

では、例えば、「**無用の用**」という言葉は、我々の思索を、どのように深めてくれるのか。

この言葉は、「無用と見えるものにも、実は、用がある」という意味であり、言葉を換えれば、「**一見、意味が無いと見えるものにも、実は、深い意味がある**」ということを教える言葉でもある。

そして、この言葉の大切さを教えてくれるのが、例えば、一九五四年のイタリア映画、フェデリコ・フェリーニ監督の『道』であろう。

この映画の中で、薄幸の女性、ジェルソミーナが、「自分の人生など、何の意味も無い」と嘆く場面があるが、それに対して、道化師の仲間が、路傍の石を拾い上げ、こう語りかける。

「**もし、この石ころに意味が無いのであれば、この宇宙にも意味はないんだ……**」

これは、我々を深く励ます言葉であるが、同時に、**現在の人間社会を覆う「強く、大きく、速く、効率的なものに価値がある」と考える発想に対して、「弱く、小さく、遅く、非効率的なものにも、意味があり、価値がある」という根本的な疑問を投げかける言葉でもある。**

そして、同様の思想が、この日本という国においては、昔から語られていることに気がつく。それは、伝教大師・最澄の言葉である。

「一隅を照らす、これ則《すなわ》ち、国の宝なり」

すなわち、この日本という国には、いま世界に広がる「強く、大きく、速く、効率的なものに価値がある」と考える浅薄な発想に対して、昔から「弱く、小さく、遅く、非効率的なものにも、意味があり、価値がある」という深い思想があったのである。

そして、そのことに気がついたとき、我々の思索は自然に深まっていく。

ジョン・レノンと「無計画の計画」

では、例えば、**「無計画の計画」**という言葉は、我々の思索を、どのように深めてくれるのか。

この言葉は、下村湖人の名作文学『次郎物語』の中でも使われる言葉であるが、

「人生において、我々の計画には無かった出来事にも、実は、我々を導く『大いなる何か』の計画がある」という意味にも解釈できる言葉である。

実際、我々の人生においては、「なぜ、こんなことが起こったのか」、もしくは「こんなことは起こって欲しくなかった」と思うような出来事が与えられるが、それでも前を向き、懸命に人生を歩んで振り返るとき、「ああ、あれは、自分の人生を良き方向に導く有り難い出来事であった」と思えることが、しばしばある。

筆者自身の体験を述べるならば、筆者は、二九歳で大学院を修了し、博士号を得たときには、大学に残って研究者の道を歩むことを切望していた。

しかし、様々な事情から、その希望は叶わず、結局、不本意ながら、民間企業に就職することになってしまった。しかも、その企業で配属になったのは、法人営業という全く希望していなかった部署であった。

その当時の心境は、文字通り「人生の痛苦な挫折」であったが、しかし、実は、その歩みが、自分の中に眠っていたビジネス・プロフェッショナルとしての可能性を大きく開花させてくれたのである。

その人生を振り返るとき、こうした人生の機微を教える、ある言葉を思い出す。

それは、ビートルズのメンバーであったジョン・レノンの言葉とされており、我が国の映画『ガイアシンフォニー』の中でも、ある登場人物が語る、次の言葉である。

Life is what happens to you while you are making other plans.
（人生とは、あなたが計画を立てているときに起こる、それ以外の出来事のこと）

この言葉の通り、我々の人生は、我々自身の意図的な計画を超え、しばしば、「大いなる何か」とでも呼ぶべきものの計画によって導かれている。

本当は「逆境」とは「幸運」に他ならない

同様に、「**逆境という幸運**」という言葉も、人生の深い真実を教えてくれる。
もとより、誰でも、人生における苦労や困難、失敗や敗北、挫折や喪失、病気や事故といった逆境を味わいたいとは思わないだろう。それは、筆者も同様である。
しかし、人生においては、それを望んでいなくとも、否応なく、そうした逆境が与えられることがある。だが、我々は、しばしば、その逆境との格闘を通じて、一人の職業人として、さらには、一人の人間として大きく成長することがある。

そうであるならば、**人生のある時期に、ある逆境が与えられるということは、必ずしも「不運」なことではない。その逆境の受け止め方次第で、我々は、それを人生の「幸運」に転じていくこともできるのである。**

そして、それは、「病気」という逆境についても同様である。それゆえ、「病という福音」という言葉にも、我々は、人生の深い機微を感じることができる。

従って、あなたも心に浮かぶ様々な「対極の言葉」や「逆説の言葉」について考えてみて頂きたい。

そのとき、あなたは、その言葉の奥に、我々の生きる人生の深い意味、我々の生きる世界の深い理を感じ取り、心の奥深くの「賢明なもう一人の自分」に導かれ、自然に、深い思索の世界に向かっていくだろう。

このように、禅問答のように思える「対極の言葉」や「逆説の言葉」を「賢明なもう一人の自分」に投げかけることは、深い叡智を得る優れた技法に他ならない。

第六話　「自己対話」第六の技法

一つの「格言」を、一冊の「本」のように読む

「善人」の中にも必ずある「悪人」の部分

第一の技法においては、「賢明なもう一人の自分」と対話するためには、「まず、一度、自分の考えを『文章』に書き出してみる」ということが有効であると述べた。

それは、自分の考えを文章に表すことは、実は、心の奥深くにいる「賢明なもう一人の自分」への呼びかけであり、それによって、自然に、心の中から、その「もう一人の自分」が現れてくるからである。

しかし、「賢明なもう一人の自分」が現れてくるのは、「文章に表す」ときだけではない。逆に、「文章を読む」ときにも、その「もう一人の自分」が現れてくる。

従って、**「文章を読む」こともまた、「賢明なもう一人の自分」と対話する一つの優れた技法**であるが、しかし、ただ文章を読めば、その「もう一人の自分」が現れてくるわけではない。

では、その対話のためには、どのように文章を読めばよいのか。

そのための技法としては、いくつもの技法があるが、紙数にかぎりがあるため、本書では、二つの技法を紹介しておこう。

その一つが、次の第六の技法である。

第六の技法　一つの「格言」を、一冊の「本」のように読む

すなわち、世の中には、古今東西の様々な「格言」を集めた『格言集』や『名言

集』と呼ばれるものがあるが、そうした書物を手に取り、そこに収録されている数多くの格言を、まず最初に、一つ一つ、正対して読んでいくのである。

ただし、そのとき、**一つ一つの格言の意味を「理屈」で解釈するのではなく、読んだ瞬間に心に響く格言を「直観」によって見つけていく**のである。

なぜなら、自分の直観が「この言葉は心に響く！」と感じた瞬間に、我々の心の奥深くの「賢明なもう一人の自分」が動き出しているからである。

そして、その心に響く一つの格言を見出したら、**なぜ、その格言が心に響くのかを、自身の人生の「体験」に照らして考えてみる**ことである。逆に言えば、その格言を、単なる「文献知性」で解釈しないということである。

世の中で、ときおり目につくのは、格言というものを、単に、自分に教養があることを示すために覚える人である。こうした人は、この「文献知性」での解釈に陥ることが多い。例えば、「ああ、このパスカルの格言と同じことは、ロシュフーコーも言っている」などと言う人である。

残念ながら、格言というものを、こうした「文献知性」のレベルで解釈しているかぎり、その格言の持つ本当の叡智を摑むことはできない。人類の歴史の中で、永く、多くの人々に語り継がれてきた**格言や名言というものは、自分自身の「体験」に照らして、それを読むときのみ、その叡智を摑むことができる。**すなわち、「体験知性」によって読むときのみ、心の奥深くの「賢明なもう一人の自分」が動き出し、その格言を触媒として、我々に深い叡智を教えてくれるのである。

例えば、筆者の心に響く名言に、役者の演技についての、次の言葉がある。

「悪人を演じるときは、その悪人の中の善人の部分を見つめて演じなさい。
善人を演じるときは、その善人の中の悪人の部分を見つめて演じなさい」

もとより、筆者は、演劇や役者の世界を歩んだ人間ではないが、なぜか、この言葉が心に響く。

その理由は、自身の人生の体験を振り返ると、あまり好きになれない人の中にも、やはり良き部分があり、逆に、好きな人の中にも、どこか認められない部分があるからである。そして、そのことを感じるとき、**人間関係において、あまり単純に「好き」「嫌い」を決めてしまうことの危うさ**を思うのである。

実際、この演劇の言葉は、悪役を演じるとき、人間の持つ複雑な側面、多様な側面を切り捨ててその役を演じると、あまりにもステレオタイプな悪役像になってしまい、演劇そのものが、リアリティを失い、浅薄なものになってしまうことを指摘している。

それは、同様に、**人間というものを単純化して見る人間観が、我々の人生そのものを、味わいと深みの無い人生にしてしまう**ことを教えてくれる言葉のように思えるのである。

もとより、この格言を語った人が、そうした人生観にまで思索を巡らせていたかは分からない。しかし、**本来、格言というものは、それを語った人間の意図や思想を超えて、広がり、受け継がれていく**ものであろう。そして、**格言というものは、それを読む人それぞれの、自由な解釈、多様な解釈に委ねられるべき**ものであろう。

なぜなら、そこにこそ、格言というものの生命力が存在するからである。そして、それゆえにこそ、我々が格言を読んだとき、我々の中の「賢明なもう一人の自分」が動き出し、その格言を触媒として、深い叡智を語りかけてくれることが起こるのである。

読書は「著者との対話」を超え「自己との対話」に向かう

そして、このように格言というものを読む姿勢が身についたならば、そして、心の奥深くから「賢明なもう一人の自分」が現れてきたならば、その叡智をさらに引き出すために、行ってみるべき技法がある。

それは、**「その格言を加筆・修正する」という技法**である。

すなわち、様々な格言に触れ、そこに「心に響く格言」「閃きを感じる格言」「共感を覚える格言」「考え込む格言」を見出したならば、その格言を、ノートやパソコンに書き出してみることである。

そして、その格言を眺めながら、自分の人生を振り返り、そこで与えられた様々な体験を見つめ、その体験の中で得た思いや考えを心に浮かべながら、「**自分ならば、この格言を、どう書き直すか**」「**自分ならば、この格言の前後に、どういう言葉を付け加えるか**」を考えてみることである。

そのときも、また、「賢明なもう一人の自分」が動き出す。そして、叡智を与えてくれる。

そこで、いくつか、筆者の例を挙げよう。

例えば、伝教大師・最澄の言葉に、

「**一隅を照らす、これ則ち、国の宝なり**」

という言葉がある。

これは、「自分のささやかな仕事が、そして、人生が、世の中のためになっているのだろうか」と悩む人間にとって、深い励ましを与えてくれる素晴らしい言葉であるが、この言葉を読むとき、筆者は、この言葉の後に、次の言葉を付け加えたくなる。

「一隅を照らす、これ則ち、国の宝なり。
そして、ときに、その一隅を照らす光が、世界を照らす光となる」

なぜなら、現代は、情報革命が進み、この地球の片隅で起こった出来事が、瞬時に、世界中の人々に伝わる時代だからである。それは、この地球の片隅で志と使命感を持って生きている人間の素晴らしい姿が、ときに、世界中の人々の深い共感を生み出す時代であることを意味している。

それが、筆者が、最澄の叡智の言葉の後に、先ほどの言葉を付け加えたくなる理由でもある。

また、例えば、昔から語られる格言に、

「一人の人物の生きたことの意味は、
その人物の棺《ひつぎ》を閉じたときに定まる」

という言葉がある。

しかし、筆者は、この言葉を見つめるたびに、次の言葉に書き直したくなる。

「一人の人物の生きたことの意味は、
その人物が、深い愛情を持って育てた人物の棺を閉じたときに定まる」

それは、言うまでもなく、筆者の両親に対する思いからである。

筆者の両親が生きたことの意味は、両親が深い愛情を持って育てた一人の未熟な人物が、成長の道を歩みながら、その生涯を通じてどのような生き方をしたかによって、定まる。

昔から語られる、この格言を読むたびに、筆者の思いは、その覚悟へと深まっていく。

こう述べてくると、第六の技法、「一つの『格言』を、一冊の『本』のように読む」ということの意味が理解して頂けるだろう。

我々は、何かの格言に触れたとき、一瞬、「ああ、良い格言だな…」と思うが、その思いだけで素通りをしてしまうことが多い。

しかし、もし、我々が、一つの格言に触れたとき、それが、「心に響く格言」「閃きを感じる格言」「共感を覚える格言」「考え込む格言」であったならば、その格言に正対し、いま述べた方法で、「賢明なもう一人の自分」の叡智を借りて思索を深めていくならば、それは、**一冊の本を読む以上に、豊饒《ほうじょう》な読書体験**になるのである。

そして、そのようにして、一つの言葉に向き合うという修練を積んだとき、初めて、我々は、想像を超えた深みを持つ「読書体験」の世界に向かうことができる。

それは、世の中に溢れる「価値ある情報を入手し、最先端の知識を獲得するため」といった目的の読書ではなく、自分の中に眠っている「賢明なもう一人の自分」に気がつき、その自分の持つ「深い叡智」に気がつくという読書体験になっていく。

なぜなら、**本来、真の読書とは、「著者との対話」である以上に、「自己との対話」に他ならない**からである。

第七話　「自己対話」第七の技法

思索的なエッセイを「視点の転換」に注目して読む

「視点」が深まっていくとき「思索」も深まっていく

第六の技法においては、「文章を読む」ことも「賢明なもう一人の自分」と対話する一つの優れた技法であると述べ、そのためには、「格言」を読むことが一つの効果的な技法であることを述べた。

しかし、「賢明なもう一人の自分」と対話するための読書法としては、もう一つ効果的な技法がある。

それが、次の第七の技法である。

第七の技法　思索的なエッセイを「視点の転換」に注目して読む

すなわち、この技法は、読書において、思索的なエッセイ（随筆や随想）を読むことである。ただし、単にそれを読むのではなく、思索的なエッセイを、その著者の「視点の転換」に注目しながら読んでいくことである。

こうした読み方をするだけで、我々の中から「賢明なもう一人の自分」が現れてくる。そして、我々を深い思考や深い思索へと導いてくれる。

なぜなら、「**思考を深める**」ことや「**思索を深める**」ことは、実は、**物事を見つめる「視点」を深めていくことに他ならない**からである。

そして、思索的なエッセイの多くは、著者が何かのテーマを論じるとき、少しずつ、その「視点」を深めていくことに味わいがある。

それゆえ、思索的エッセイを読むとき、さらりと読んでしまうのではなく、その「視点の転換」に注目しながら、著者と静かに対話するような気持ちで読み進めるならば、我々の心の奥深くから「賢明なもう一人の自分」が現れ、著者と共に、その思索の深まりのプロセスを味わうことができるのである。

では、「視点の転換」に注目するとは、具体的に、どのようなことか。

三つのことを述べておこう。

第一は、「始まりの視点」に注目するということである。

すなわち、その思索的エッセイが、どのような「著者の視点」から始まるかに注目することである。それは、裏返せば、その「視点」が、その後、どのように深まっていくかを知るための「出発点」でもある。

そして、多くの場合、エッセイの冒頭は、一般に「摑み」と呼ばれるように、読者の興味を惹きつけるための題材が選ばれるため、その「摑み」の技法を学ぶことも、文章の修業をされる方には、参考になるだろう。

第二は、「視点の転換」に注目するということである。

これは、著者が、冒頭の視点から、次にどのようなテーマに視点を移していくかに注目するということである。そして、そのとき、どのように思考や思索が深まっていったかに注目することである。それは、そのまま、思考や思索を深めるための著者の技法でもある。

すなわち、思索的エッセイを読むとき、著者の「視点の転換」の技法を学ぶことは、そのまま、「思考と思索を深める」技法を学ぶことでもある。

第三は、「異なった視点の結合」に注目するということである。

思索的エッセイにおいては、著者が、突然、全く違った視点を持ち込んできたように感じるときがある。それは、「視点を少しずつ深めていく」ことによって思考と思索を深めていく技法とは異なり、「異質の視点を結合する」ことによって思考と思索を飛躍的に深める技法である。

これは、深く考える技法としては、かなり高度な技法であるが、「イノベーションとは、異質のものの結合から生まれる」という言葉通り、成功すると、全く新たな視界が開けることもある優れた技法である。

以上が、思索的なエッセイを「視点の転換」に注目して読むということの、具体的な三つの意味であるが、読書において、これを実践するならば、自然に「深く考える技法」が身についていく。

ちなみに、この技法を発展させた、もう一つの「読書の技法」を述べるならば、

思索的なエッセイを「推理小説」のように読む

という技法がある。

この技法は、思索的エッセイを読むとき、そのエッセイの中で展開される著者の「思考の流れ」や「思索の深まり」を推理しながら読むという技法である。

例えば、あるエッセイの中で、一つのエピソードが紹介されたとき、「このエピソードから、次に、著者は、何を語るだろうか」と推理することである。また、あるエッセイの中で、一つの考えが述べられたとき、「著者は、次に、この考えを、どう深

めていくのか」を推理することである。

こうした形で、思索的なエッセイを「推理小説」のように読んでいくことによっても、自然に、我々の「深く考える力」は磨かれていく。


さて、この第七話においては、「賢明なもう一人の自分」と対話し、思考と思索を深めていくための「読書の技法」として、「思索的なエッセイを『視点の転換』に注目して読む」という技法を紹介した。

こうした思索的エッセイとしては、世に優れたものが数多くあり、例えば、写真家・星野道夫や音楽評論家・吉田秀和のエッセイなどは秀逸であるが、筆者も、拙文ながら、著書『深く考える力』において三八篇のエッセイを載せており、また、ある雑誌においても、毎月、短編エッセイ『深き思索、静かな気づき』を寄稿している。

そこで、この後、『深き思索、静かな気づき』より、筆者のエッセイを三篇、紹介したい。これらのエッセイを「視点の転換」に注目して読み、ときに「推理小説」のように読みながら、「深く考える力」を磨いて頂ければ幸いである。

随想一　「見えている」ことの強さ

何年か前、朝のテレビ番組にコメンテーターとして出演していたとき、丁度、その番組が始まる時間に、都内で、警察が出動する犯罪事件が起こり、急遽《きゅうきょ》、番組を実況中継に切り替えて放映した。

そのとき、番組を担当するプロデューサーが語った言葉が、心に残っている。

「この事件で被害に遭われた方のことを考えると、こんなことを言ってはいけないのですが、番組的には、有り難いタイミングでの事件でした…」

この言葉を聞いたとき、一人の写真家のことを思い出した。

それは、「レンズの眼を持つ哲学者」と呼ばれる戦場写真家、ジェームズ・ナクトウェイ。いまも世界各地で様々な戦争が引き起こされているが、彼は、そうした苛烈な戦場に身を投じ、極限の状況にある人々の姿を写真に収め、戦争の悲惨を世界に伝え続けてきた。
その彼の活動を伝える映画、『戦場のフォトグラファー』において、ナクトウェイは、次の言葉を語っている。

写真家として最も辛いのは、
他の誰かの悲劇で得をしていると感じることだ。
この考えは、常に私につきまとう。
人々への思いやりよりも、個人的な野心を優先すれば、
私は、魂を売り渡すことになる。
人を思いやれば、人から受け入れられる。
そして、その心があれば、私は、私を受け入れられる。

ナクトウェイが内省的に語る、この言葉を聞くとき、我々は、自分の心の中にある密やかな野心やエゴの存在に気がつく。そして、そのとき、ナクトウェイという人物の強さが、いかなる強さであるかを理解する。

自分の心の中の野心やエゴの姿が、見えている。

それが見えているからこそ、流されない。

それは、彼だけでなく、我々人間にとっての「真の強さ」であろう。

そして、その意味で、冒頭のテレビプロデューサーもまた、自分の心の中が見えているからこそ、あの言葉を、自戒を込めて語ったのであろう。


しかし、最近のテレビや雑誌を見ていると、「他人の不幸や悲劇」を売り物にすることへの自戒が失われているように感じるのは、筆者だけではないだろう。

だが、そのことを嘆きながらも、テレビの視聴者であり、雑誌の読者である、自分自身の心の中を見つめてみるならば、そうした番組や記事に、つい目を向けてしまう「もう一人の自分」がいることにも、気がつく。

そうであるならば、テレビや雑誌というメディアの現状は、決して「メディアの堕落」といった簡単な言葉で表現できるものではない。

いずれ、メディアと視聴者、読者は「一対の鏡」

我々の心が、メディアに影響を受けるだけでなく、我々の心の在り方が、メディアの姿勢を引き出している。それも、もう一つの真実であろう。

そのことを考えるとき、昔から密やかに語られる一つの言葉の怖さを、改めて思う。

「他人の不幸は、蜜の味がする」

この言葉に示される、我々の心の中の「小さなエゴ」

それは、誰の心の奥深くにもある。

されば、もし我々が、真に「他者への共感の心」を大切にしたいのであれば、その前に、我々は、心の奥深くに潜む、この落し穴を見つめなければならない。

随想二　最先端科学と宗教的情操

二〇〇九年一一月、ダライ・ラマ法王と五人の科学者の対話の場に招かれた。それは「科学と宗教の対話」をテーマに掲げた場であったが、数千人の聴衆を前に、一人の科学者として筆者が語ったのは、「二一世紀、科学こそが、我々の心の中に、最も深い宗教的情操を育んでいく」という予見であった。

こう述べると、読者の中には、「科学と宗教は、本来、対極にあるものではないか」との疑問を抱く方もいるだろう。

しかし、真の宗教的情操とは、「神が存在するか否か」という素朴な問いからではなく、我々が生きるこの世界が、このような姿で存在することへの根源的な不思議さから生まれてくるものであろう。

されば、現代の最先端科学が解き明かしつつある、この世界の起源こそが、その不思議さを呼び起こすものに他ならない。

例えば、現代科学の最先端宇宙論が解き明かしつつある、この宇宙の起源。

それは、文字通り、不思議と驚異に満ちたものであろう。

この宇宙が誕生したのは、一三八億年前。

では、その前には、何が有ったのか。


何も無かった。


そこには、ただ、「量子真空」（Quantum Vacuum）と呼ばれるものが存在した。

その量子真空が、突如、ゆらぎを生じ、急激な膨張を遂げた。それが「インフレーション宇宙」と呼ばれるもの。さらに、その直後、大爆発が生じ、この宇宙が誕生した。それが「ビッグバン宇宙」と呼ばれるものである。

そして、このビッグバンによって誕生した宇宙は、当初「光」（光子：フォトン）で満たされた。それが徐々に冷え、最初に、最も軽い元素である水素が形成された。

次いで、その水素が互いに重力で引き合って集まり、何億年もかけて生まれたのが、夜空に輝く無数の星々、恒星であり、その一つ、太陽の周りに生まれた惑星が、この地球に他ならない。

これが、現代科学が明らかにしつつある宇宙誕生のプロセスである。

しかし、この理論だけでも、我々は、深淵を覗くような感覚を禁じ得ないが、実は、現代科学の最先端宇宙論は、この「量子真空から生まれた宇宙」という驚愕の考えを超え、さらに、我々の想像を遥かに超えた理論を生み出しつつある。

それが、「パラレル宇宙論」や「マルチバース論」と呼ばれるもの。

すなわち、我々の生きている宇宙は、量子真空から生まれた無数の宇宙の一つにすぎず、他にも数限りない宇宙が存在するという理論、いわば、「ユニバース」ならぬ「マルチバース」が存在するという考えを、最新の宇宙論は提唱するに至っている。

ただし、現代の最先端科学が到達しつつある、この理論の最大の問題は、「この理論の真偽を、我々の生きる宇宙からは確かめようがない」という一点にある。

すなわち、現代科学は、いま、自らの宇宙の起源について、原理的に決して答えることのできない「永遠の問い」の前に立ち尽くしているのである。

だが、この宇宙の起源についての科学理論を聴くとき、宗教的な言説に詳しい読者は、不思議なことに気がつくだろう。

なぜなら、キリスト教の旧約聖書、創世記では、初めに「光あれ」という言葉から、この世界が始まったと述べており、仏教の般若心経に語られる言葉は、「色即是空、空即是色」であり、この現象世界「色」が、すべて「空」から生まれてきたと述べているからである。

もとより、こうした宗教的言説と科学的発見の不思議な符合を、単なる偶然の一致とするのも、そこに深い意味があるとするのも、それぞれの世界観に委ねられている。

ただ、現代の最先端科学が語る、この宇宙の起源についての話を聴くとき、我々が、「深遠」と呼ぶべき不思議な感覚に包まれるならば、それは、紛れもなく、我々の心の中に「宗教的情操」が芽生えてくる瞬間に他ならない。

されば、人類数千年の歴史の歩みの果てに、いま我々は、科学と宗教が、表層的な垣根を越え、深い次元で融合していく時代を迎えているのであろう。

随想三　「悟り」とは何か

悟りの境地とは何か。

しばしば、「無心」や「無我」という言葉で表されるそれは、いかなる心の状態を指しているのか。

その意味を考えさせる寓話がある。

「百足」と書いて「ムカデ」と読む、奇妙な虫の寓話である。

ある暑い夏の日、ムカデが一生懸命に歩いていた。すると、通りかかったアリが言った。

「ムカデさん、凄いですね。百本もの足を、絡み合うこともなく、乱れることもなく、整然と動かして歩くなんて、さすがですね」

その誉め言葉を聞いて、ムカデは、ふと考えてしまった。

「なぜ、自分は、これほど上手く、百本の足を動かせるのだろうか。アリさんの言うとおり、絡み合うこともなく、乱れることもなく、なぜ、整然と動かして歩くことができるのだろうか」

そう頭の中で考え始めた瞬間に、ムカデは、一歩も動けなくなってしまった。先ほどまで、何の苦もなく無意識に動かしていた足を、一歩も動かすことができなくなってしまったのである。

この寓話は、我々人間の心の姿を教えてくれる。

なぜなら、我々もまた、しばしば、この心の病に陥ってしまうからである。

「自意識」の過剰。

心の中の「エゴ」、すなわち「自我」が陥るその病によって、我々は、いつも、素晴らしい力を持ちながら、それを発揮できなくなってしまう。

例えば、ゴルフなどで「褒め殺し」という言葉がある。好調なスタートを切り、見事なプレーを続けるゴルフ仲間に、ただ一言、「今日の君は、神懸かり的だな」と語りかける。それだけで、その仲間は、自分のプレーに意識過剰になり、崩れていく。「敵は我に在り」という言葉は、スポーツの世界で、しばしば語られるが、この自意識過剰によって勝てる試合を落とした例は、枚挙に暇がない。

二〇一九年の全豪オープンテニスの決勝戦、第二セットでグランドスラム・ポイントを摑みながら、逆転され、そのセットを落とした大坂なおみ選手。

自制心を失った彼女の姿を見て、誰もが、このまま第三セットも落とし、試合を逆転されてしまうのではないかと思った。

しかし、短い休憩から戻った彼女は、別人になっていた。

この試合を制した後、「あの場面で、どう気持ちを切り替えたのか」との質問に対し、大坂選手は、「感情を切り離してプレーをした」と答えた。

この答えを聞いて、「そうか、無心の境地でプレーをしたのか」と思われる読者もいるだろう。

しかし、誤解すべきではない。無心や無我とは、心や自我を消し去った状態のことではない。生身の人間である限り、それを消し去ることはできない。

では、こうした心や自我が揺れ動く場面で、我々は、いかに処すべきか。

自分の心の中で騒ぐ自我や自意識を、
否定もせず、抑圧もせず、
ただ静かに見つめる「もう一人の自分」

その自分が心の中に現れたとき、不思議なほど、揺れ動く心や自我は鎮まっていく。

実は、この状態こそが、「無心」や「無我」、すなわち「悟り」と呼ばれる境地に他ならず、この境地にあるとき、我々は、最高の力を発揮する。

しばしば、世の中では、「悟り」とは、永い年月の宗教的な修行を経て、最後に到達する永続的な境地であると思われている。

しかし、そうではない。「悟り」とは、自分の心を静かに見つめる「もう一人の自分」が現れている瞬間を言う。その「覚醒」の状態を言う。

もとより、「覚者」と呼ばれるような永年の修行を経た人物は、その「もう一人の自分」が、瞬間ではなく、常時、現れている境地に達している。

しかし、永年の修行を経ずとも、我々が一つの物事に懸命に取り組むとき、ときおり、この「無心」や「悟り」と呼ぶべき瞬間が訪れることがある。

あの一瞬、大坂選手の中に、「もう一人の自分」が現れたのであろう。

「悟り」とは、遥か彼方にある境地ではない。

それは、与えられた一日を、そして、
この一瞬を真剣に生き切るとき、
目の前にある。

第三部

「賢明なもう一人の自分」が現れる「七つの身体的技法」

第一話　第一の身体的技法

呼吸を整え、深い呼吸を行う

「呼吸」の浅い人は「思考」も浅くなる

さて、第二部では、我々の中にいる「賢明なもう一人の自分」と対話するための、「七つの技法」について述べた。

しかし、「賢明なもう一人の自分」と対話するためには、そもそも、自分の心の奥深くから、その自分が現れてこなければならない。

そして、この**「賢明なもう一人の自分」が現れてくるためには、「いかなる身体条**

件で考えるか」や「いかなる環境条件で考えるか」ということが、実は、極めて重要である。

そこで、この第三部では、我々の中から「賢明なもう一人の自分」が現れてくるためには、どのような身体条件を実現し、どのような環境条件に身を置くことが望ましいのかについて、語っておこう。

本書においては、その条件を実現するための「**七つの身体的技法**」を紹介しよう。

では、第一の技法は、何か。

第一の身体的技法　呼吸を整え、深い呼吸を行う

それが第一の技法であるが、これは素朴な技法でありながら、ある意味で、最も基本的で即効的な技法でもある。

なぜなら、世の中では、しばしば、思考の浅い人に対して、「一呼吸おいて、物を

言いなさい」と忠告したり、「あの人の思考は、呼吸が浅い」と評するように、**「呼吸の浅さ」と「思考の浅さ」は、ほとんど同義語として使われる**からである。

従って、もし我々が、「深く考える力」を身につけたいと思うならば、まず、最も基本的な技法として、「呼吸を深くする」ことであり、さらには、日常的にも「深い呼吸を身につける」ことである。

実際、我々の思考が浅くなるときとは、しばしば、焦って物事を判断してしまうときや、感情的になって物事を判断してしまうときであり、そうした場面では、ただ、深い呼吸を行うだけで、焦っている心境が落ち着きを取り戻し、激している感情が収まるため、自然に落ち着いて思考できる状態になり、深い思考に向かうことができる。

そして、ある程度、そうした修業を積んでいくと、**呼吸を整え、深い呼吸を行うだけで、心の奥深くから、「賢明なもう一人の自分」が現れてくるようになり、その「もう一人の自分」が深い思索を促してくれるようになる。**

このときの「呼吸法」としては、何か特殊な方法があるわけではない。それは、一般にリラクセーション技法としても紹介されている「細く、長く吐き切る」という呼吸法で良いが、筆者は、深く考えることが求められる場面では、深い呼吸を実践しながら、同時に、「大いなる叡智、我が内に流れ入る」と念ずることを行っている。

例えば、本書の執筆においても、パソコンに向かった後、まず、心を整えて、「大いなる叡智、我が内に流れ入る」と念じながら、深い呼吸を行い、最後に「導きたまえ」と祈ってから、執筆を始める。従って、日常の騒々しい心境で、すぐに執筆に入ることはない。

これは、決して怪しげなことを述べているのではない。この「**祈念**」の**技法**は、自らの中に眠る思考と思索の力を十全に引き出すための「**自己暗示**」の**技法**としても極めて有効であるので、この「呼吸法」と併せて実践されることを勧めたい。

ただし、この「祈念」の言葉は、筆者の言葉にこだわらず、それぞれの好みに合った言葉にされることで良いだろう。

第二話　第二の身体的技法

音楽の不思議な力を活用する

音楽によるトランス状態で「もう一人の自分」が現れる

では、第二の技法は、何か。

第二の身体的技法　音楽の不思議な力を活用する

それが第二の技法であるが、もとより、企画書作成や原稿執筆など、知的生産の作業を行うとき、音楽を聴きながらこれらの作業を行っている人は、決して少なくないだろう。

ただ、ここで述べる「音楽の活用」という意味は、仕事や執筆のとき、「自分の好きな曲を聴きながら、快適に仕事や執筆をする」という意味ではない。

ここで述べる「音楽の活用」という意味は、「**その曲を聴くと、軽いトランス状態になり、『賢明なもう一人の自分』が現れてくる音楽を活用する**」という意味である。

この「トランス状態」とは心理学的には「変性意識状態（Altered State of Consciousness）」のことであるが、**ある種の音楽は、我々の意識を、通常の意識とは異なった状態にする作用がある。**従って、そうした作用をもつ音楽を見出し、それを、新たな発想やアイデアを生み出すときに、意識的に活用するということである。

ただし、人間には、それぞれの嗜好や個性があるため、一般的に、「これを聴けば、必ず軽いトランス状態になる」という曲や、「これを聴けば、必ず『賢明なもう一人の自分』が現れてくる」という曲があるわけではない。

自分自身で、深い思考や思索が求められる場面、直観力や洞察力が求められる場面、斬新な創造性が求められる場面で、様々な音楽を試し、そうした試行錯誤を通じて、「自分に最も適した曲や音楽」を発見していくことが必要である。そして、そうした曲や音楽を、自分の中から「**賢明なもう一人の自分**」を呼び出すための「**キー・ミュージック**」にしていくことである。

実は、分野を問わず、**優れた創造性を発揮するプロフェッショナルは、意識的にも、無意識的にも、自らの創造性を発揮するために、「音楽の力」を活用している。**

例えば、筆者の知人で様々な思想書を上梓している人物は、いつも、静かな環境音楽を聴きながら執筆を進めているという。

彼に訊くと、環境音楽としては、英国の音楽家、ブライアン・イーノの『Music for Airports』や『The Plateau of Mirror』などが、彼のキー・ミュージックになっているとのことである。

たしかに、ブライアン・イーノの音楽は、一般のリラクセーション・ミュージックが、その名称とは逆に、しばしば何かの「騒々しさ」を感じさせるのに対して、言葉の本来の意味での「静寂感」を感じさせるものである。しかし、では、キー・ミュージックとしては、静寂感のある音楽が最適かと言えば、必ずしもそうではない。

なぜなら、米国の人気小説家、スティーヴン・キングは、ある雑誌のインタビューで、自分はヘヴィー・メタルの音楽を大音量で聴きながら執筆すると述べており、彼にとっては、そうした音楽が、むしろキー・ミュージックになっているのであろう。

従って、この「賢明なもう一人の自分」が現れてくるキー・ミュージックとして、一概に「こうした曲や音楽が適している」ということはできないが、筆者の体験を踏まえて言うならば、静かな曲であっても、賑やかな曲であっても良いが、どちらかと言えば、ミニマル・ミュージック（反復音楽）やテクノポップのような、**単調なリズムを繰り返す音楽が、我々の心を軽いトランス状態に導いてくれる**ように感じる。

逆に言えば、それがどれほど名曲や名演奏、名歌唱であっても、あまり情感の籠もった曲や音楽は、キー・ミュージックには向いていないと思われる。

ちなみに、かつて、真言密教の開祖、弘法大師・空海が、その著書『声字実相義《しょうじじつそうぎ》』において、**「五大にみな、響きあり」**という言葉を残している。この言葉は、「世界のすべては、リズムである」といった意味であるが、このように、密教においては、「響き＝リズム」が重視されており、単調なリズムで語られる「真言（マントラ）」が、我々の中から不思議な力を引き出すとされている。

すなわち、**空海が「万能の天才」と呼ばれるほど多彩な能力を発揮した秘密は、実は、この「響き（リズム）」を持つ「真言（マントラ）」にあるとも言える。**そして、古来、密教の教義は、我々の中から隠れた力を引き出す技法の体系であると言われてきたが、その究極の秘密もまた、この「響き」と「真言」にあると言える。

こうしたことを理解するならば、我々の執筆や創作の営みにおいて、「単調なリズムを繰り返す曲や音楽」を聴くことによって「賢明なもう一人の自分」が現れてくることは、ある意味で、自然なことでもある。

そして、もう一つ、参考までに伝えておくならば、筆者は、この「音楽」というジャンルではないが、執筆に際して、ＣＤなどで「自然の音」を聴きながら筆を進めることは多い。

ここで「**自然の音**」とは、海の波の音、川のせせらぎの音、雨の音などであるが、これらは、いずれも、単調なようでありながら、深いリズムを奏でており、筆者にとっては、「**最高の音楽**」＝「**最高のキー・ミュージック**」でもある。

第三話　第三の身体的技法

群衆の中の孤独に身を置く

周りに人がいると、安心して孤独になれる

では、第三の技法は、何か。

第三の身体的技法　群衆の中の孤独に身を置く

それが第三の技法であるが、実は、この技法を無意識に使っている人は、決して少なくない。
なぜなら、新たな発想やアイデアが求められる「企画書の作成」や「文章の作成」の仕事を行うとき、独りだけの静かな個室で仕事をするよりも、近くのカフェや喫茶店などで仕事をする方が、作業に集中でき、斬新な発想やアイデアが湧くという人は少なくないからである。

では、なぜ、多くの人々が存在し、様々なものが視野に入り、人声や雑音に溢れるカフェや喫茶店などが、創造的な仕事に適した場所になるのか。

その一つの理由は、いわゆる「**群衆の中の孤独**」という状態になれるからであろう。言葉を換えれば、周りに多くの人々がいるため「**密やかな安心感**」がありながら、それらの人々は、自分に無関心であり、自分に干渉せず、放置しておいてくれるという「**心地よい孤独感**」が楽しめるという状態である。

こうした状態では、不思議なことに、目の前の仕事に集中でき、ときに「軽いトランス状態」になることさえある。すなわち、それは、「賢明なもう一人の自分」が現れやすい状態でもある。

これに対して、「個室の中の孤独」は、他に人は存在せず、視界に変化はなく、無用の人声や雑音もなく、環境的には最も仕事に集中できるように思えるが、実は、心の中に「密やかな不安感」や「寂しさの孤独感」が生まれてくるため、むしろ、目の前の仕事に集中できないという逆説が生まれてくるのである。


実際、筆者の体験でも、二三年前に執筆を始めた頃は、毎日の通勤電車の中で、最も執筆が捗《はかど》った。幸い、始発の電車に乗れる駅であったこともあり、朝早く起きて、その各駅停車の電車に乗り、客席に座り、当初はノート・ワープロ、後にノート・パソコンを使って執筆を続けた時代がある。

もとより、各駅停車は、目的駅まで着くのに時間がかかるが、満員の特急電車で立ったまま短い時間を過ごすことと、着席できる各駅停車で執筆をしながら長い時間を過ごすことと、どちらが有効な時間の使い方か、論ずるまでもないだろう。

それゆえ、筆者の初期の著作の多くは、この毎日の通勤電車や週末の喫茶店において、「群衆の中の孤独」に身を置きながら執筆されたものが多い。

いまでも、新幹線の中でパソコンを使って執筆をすることがあるが、周りが満席状態であっても、イヤフォンでキー・ミュージックを聴くと、軽いトランス状態になり、「賢明なもう一人の自分」が現れ、次々とアイデアが降りてきて、言葉が紡ぎ出され、一挙に執筆が進むことが多い。

それもまた、「群衆の中の孤独」に浸り、「賢明なもう一人の自分」との対話が深まっていく時間である。

第四話 ― 第四の身体的技法

自然の浄化力の中に身を浸す

心が癒された状態のとき「もう一人の自分」が現れる

では、第四の技法は、何か。

第四の身体的技法　自然の浄化力の中に身を浸す

それが第四の技法であるが、例えば、週末などに郊外に行き、雄大な海を眺めることができる場所であっても良い、豊かに木々が生い茂る森の中であっても良い、そうした自然に触れ、自然の中に身を浸すことである。

では、なぜ、自然に触れ、自然の中に身を浸すと、「賢明なもう一人の自分」が現れてくるのか。

自然には、偉大な「浄化力」があるからである。

そのため、自然に触れ、身を浸していると、その「**浄化力**」によって、**心身ともに「癒される」**からである。

そして、**心が「癒される」状態とは、言葉を換えれば、心の中の「エゴ」が鎮まっている状態**であり、この「エゴ」が鎮まっているとき、我々の心の奥深くから「賢明なもう一人の自分」が現れ、叡智のフィールドに繋がり、様々な発想やアイデアが降りてくるのである。

実際、筆者は、日々、その体験をしている。

現在、筆者は、富士五湖地域の森の中で生活をしているが、書斎で執筆をしていると、ときおり、執筆しているテーマについて、どうしても新たな発想やアイデアが生まれてこないときがある。

そうしたときは、森の中の散策に出る。もしくは、湖の畔の散策に出る。そして、森の彼方に、湖の彼方に、聳え立つ雄大な富士を眺める。

すると、不思議なほど、そして、必ずと言って良いほど、その新たな発想やアイデアが降りてくるのである。


しかし、こう述べると、あなたは、「森の中や海辺で生活できない人は、どうするのか」と思われるだろう。

その通り。実際、筆者も、シンクタンクに勤めていた時代は、東京という大都会で、仕事に追われる日々を過ごしていた。

では、そうした時代に、この「自然に触れ、自然の中に身を浸す」ということを、どう行っていたのか。

三つの方法を述べておこう。

一つは、先ほど述べたように、時間を見つけ、週末などに富士五湖周辺に出かけていた。そこには、森と湖の大自然があるだけでなく、何よりも富士があった。

そして、昔から「霊峰富士」と言われるように、雄大な富士の姿は、それを眺めるだけで、心身ともに深く癒されるのである。その癒しが、「賢明なもう一人の自分」を呼び起こすことは、すでに述べた。

また、冬の寒い時期には、しばしば、湘南の海岸を訪れていた。そこでは、広い海原が望めるだけでなく、その海の彼方に、やはり、真白き富士が望めた。夕刻には、その富士が、夕焼けを背景に幻想的なシルエットとなる光景も楽しめた。

しかし、仕事が多忙を極め、週末、郊外に行く時間もなく、海や森の大自然を訪れることができないときは、近くの神社の森や、公園の森に行き、身近な自然に触れていた。それもまた、自然に身を浸す、もう一つの方法であった。

そのとき、心掛けていたのは、**ただ、森や林を眺めるのではなく、一本一本の木に**

心を込めて向き合うことであった。

最後の一つは、さらに、そうした余裕の時間さえ取れず仕事に追われるときは、夜の自宅で「**環境ビデオ**」を観ながら仕事をしていた。正確には、自宅のテレビで、森や湖や海の「環境ビデオ」を流しながら、傍らで仕事をしていた。

こう述べると、「環境ビデオに映る自然と、実際の自然では全く違うのでは…」と思われるだろう。

その通りであるが、永年、週末などに森や湖や海の自然に浸るという習慣を持っていると、環境ビデオで自然の風景を眺めるだけで、そのときの身体感覚が鮮明に甦ってくるのである。**環境ビデオを観るという方法は、実は、その身体感覚を甦らせるための技法である**と言える。従って、週末などに自然に触れ、身を浸らせるという習慣を持たない人が、この方法を採っても、あまり効果は無いだろう。

ただし、こうした環境ビデオを観るときは、必ずしも、その映像に付随している音楽を流す必要はない。

その理由は、環境ビデオの多くは、映像そのものは、素晴らしい自然を収録したものであるが、それに付随して流される音楽は、いわゆるリラクセーション・ミュージックのジャンルのものが多く、好みによっては、騒々しく感じるものであったり、映像イメージを壊してしまうものであったりするからである。

従って、筆者は、仕事の傍らで環境ビデオを流すときも、音声出力はオフにし、第二話で述べたキー・ミュージックを流しながら、仕事をしていた。

いずれにしても、どれほど多忙な日々の中でも、時間を見つけ、工夫をし、自然に触れることである。そして、自然の「浄化力」に身を浸すことである。

そのとき、風の音や波の音など、自然の静けさの中で、心の奥深くから「賢明なもう一人の自分」が現れてくる。

そして、静かに、対話を始めてくれるのである。

第五話　第五の身体的技法

思索のためだけに散策をする

昔から哲学者たちは、誰もが「散策」をしていた

では、第五の技法は、何か。

第五の身体的技法　思索のためだけに散策をする

それが第五の技法であるが、この「散策」と「思索」の関係については、すでに良く知られていることであろう。

特に、昔から、深い思索のために散策をする習慣を持つ哲学者は、数多くいた。

例えば、ドイツのハイデルベルクには、かつて、哲学者、イマヌエル・カントやゲオルク・ヘーゲルらが散策しながら思索に耽《ふけ》ったと言われる「哲学者の道」があり、それにちなんで、京都には、『善の研究』で知られる哲学者、西田幾多郎らが、やはり散策しながら思索に耽ったと言われる「哲学の道」がある。

さらに、インドの宗教家であり、思想家でもあった、ジッドゥ・クリシュナムルティもまた、「散策」と「思索」が一つになった人物である。

例えば、彼の代表的著作『クリシュナムルティの日記』などを読むと、その日記の多くは、冒頭、彼の散策の場面から始まる。そして、散策に伴って眼前に広がる美しい自然の描写が続いた後、突如、クリシュナムルティは、「我々の生の意味は何か」「我々は、なぜ苦しみを与えられるのか」といった深遠な哲学的メッセージを語り始める。

このように、昔から、物事を深く考えるためには、「散策」をすることが一つの優れた方法とされてきた。そして、思索を深めるために散策をする場所は、ハイデルベルクや京都のような美しく静かな自然の中であることは、一つの理想でもある。

なぜなら、自然の中を散策することは、先ほど第四の技法で述べた「自然の浄化力の中に身を浸す」という技法との相乗効果が生まれるからである。

先ほど、筆者は、執筆で新たな発想やアイデアが出なくなると、森の散策に出ると述べたが、たしかに、森の中を散策すると、「賢明なもう一人の自分」が現れてきて、新たな発想やアイデアを教えてくれることは、しばしば起こる。その意味で、筆者が、現在、東京から離れた富士の山麓に住み、すぐに森の散策ができる環境にいることは、多少の不便さはあるものの、著書の執筆において有り難いことであると感じている。


しかし、**思索を深めるための散策は、必ずしも、自然の中である必要はない。**

実は、「街中」の散策や「雑踏」の中の散策でも、この「思索を深める」ということはできる。

なぜなら、第三の技法で述べたように、「街中」や「雑踏」の散策は、「群衆の中の孤独に身を置く」ことによる「思索の深まり」があるからである。すなわち、それは、この第五の技法と第三の技法の相乗効果が生まれるのである。

さらに、もし、このとき、音楽を聴きながら散策をするならば、それは、さらに第二の技法「音楽の不思議な力を活用する」との相乗効果が生まれる。

実際、あなたも経験したことがあるだろうが、**ある種の音楽を聴きながら散策をすると、目の前の風景が、見慣れた街中の風景であっても、ありふれた雑踏の風景であっても、不思議なほど、違った風景に見えてくる。**

米国の映画、『はじまりのうた（Begin Again）』においては、女優キーラ・ナイトレイと俳優マーク・ラファロ演じる主人公の二人が、スプリッター・イヤフォンで一つの音楽を聴きながらニューヨークの夜の街を散策するシーンがある。

このとき、ラファロ演じる主人公が語る言葉がある。

「音楽の魔法で、平凡な風景が、意味のあるものに変わる。
音楽の魔法で、つまらない景色が、美しく光り輝く真珠になる。
しかし、歳を取るほど、この真珠がなかなか見られなくなる」

たしかに、この主人公が語るように、音楽には、魔法の力がある。
そして、その魔法の力の一つが、我々の中から「賢明なもう一人の自分」を呼び覚ましてくれる力に他ならない。

筆者も、静寂を運んでくる音楽を聴きながら、人々が行き交う雑踏の中を散策するときがある。それは、いつもの、ありふれた風景なのだが、なぜか、全く違った風景に見える。そして、その風景を見ていると、ときおり、ふと「賢明なもう一人の自分」が現れ、深い思索に誘ってくれるのである。

しかし、筆者は、森の自然の中を散策するときには、決して音楽を聴かない。
その理由は、森の静寂の中では「風の音」が最高の音楽だからである。
そして、なぜか、森の中を吹きわたってくる風の音には、「永遠」が、ある。
その「永遠」の余韻に身を委ねるとき、「賢明なもう一人の自分」が現れる。
そして、その自分との対話が始まり、深い思索が始まるのである。

筆者が、毎週、数万人の読者に届けているエッセイ・メールの表題を、『風の便り』としているのは、そして、筆者のウェブサイトの表題を『未来からの風』としているのは、それが理由である。

第六話　第六の身体的技法

瞑想が自然に起こるのを待つ

瞑想をしようとすると、瞑想から遠ざかってしまう

では、第六の技法は、何か。

第六の身体的技法　瞑想が自然に起こるのを待つ

それが第六の技法であるが、かつて、仏教の開祖、ゴータマ・シッダッタ＝釈迦は、

菩提樹の下で瞑想を続け、遂に悟りに達したと言われており、昔から、「大いなる何か」と繋がり、叡智が降りてくるのを待ち、深い思考や思索に向かうために、「瞑想」が優れた技法であることは良く知られている。

言葉を換えれば、フィールドに繋がった「賢明なもう一人の自分」が心の奥深くから現れ、深い思考や思索に向かうために、この「瞑想」という技法は、優れた方法なのであるが、実は、この技法は、一般に思われているほど易しい技法ではない。この技法は、年月をかけ、それなりの修行を経ないと実践することのできない、難しい技法なのである。

実際、いま世の中では「マインドフルネス」や「メディテーション」といった言葉とともに、「瞑想」がブームとなり、「瞑想の技法」が様々に語られているが、それを実践する人の多くは、残念ながら、リラクセーション効果や内観効果を得るにとどまっており、深い「瞑想」の心的状態になる人は、決して多くはない。

これは、「座禅」のような東洋的瞑想技法も同様である。「参禅」と称して、定期的に禅寺で座禅を組み、「禅定」と呼ばれる深い心的状態をめざす人は少なくないが、その多くは、足の痛みに耐え、心の中に浮かぶ雑念との戦いに時間を費やすにとどまってしまう。

では、なぜ、そうした状態になってしまうのか。

なぜなら、我々が、**意識的に「深い瞑想の状態に入ろう」「深い禅定の境地に至ろう」と思うと、その意識そのものが「邪念」になってしまい、かえって「深い瞑想の状態」や「深い禅定の境地」から遠ざかってしまう**からである。

それは、「瞑想」や「座禅」を初めて実践した人は、誰もが経験することであり、ほとんどの人が、心に浮かんでくる雑念や邪念、それを打ち消そうとする思いが、むしろ、心の静寂を乱していくという状態を経験する。

もとより、「瞑想」も「座禅」も、永年の修行をした人物は、自然に、「深い瞑想の状態」や「深い禅定の境地」に達することができるのであるが、それを、一般の人間が、それほどの努力もせず、修行もせず、到達できると考えることに、落し穴があるのである。

では、どうするか。

この「瞑想」や「座禅」を実践するとき、最初に、一つ、大切なことを理解しておくことである。

それは、**「瞑想の状態」や「禅定の境地」というものは、意識的に到達しようとするべきものではない**ということである。実は、**それは、瞑想や座禅の技法を実践するとき、自然に「起こる」ものなのである。**言葉を換えれば、それは**自然に「降りてくる」ものなのである。**

それゆえ、我々が為すべきことは、瞑想や座禅の技法を実践することを通じて、それが**自然に「起こる」のを「待つ」**ことなのである。**「降りてくる」のを「待つ」**ことなのである。

それが、この第六の技法を、「瞑想をする」とせず、「瞑想が自然に起こるのを待つ」と記した理由である。

従って、我々が瞑想の技法によって「深い瞑想の状態」に達しようと思うならば、まず何よりも、心の状態を操作しようとする「人為」の意識を捨て、自然に心の状態が変わっていくのを待つ「自然（じねん）」の意識を大切にすべきなのである。

そして、それは、実は、「賢明なもう一人の自分」も同じである。**「賢明なもう一人の自分」を引き出そうとするのではなく、それが自然に現れるのを待つ**べきなのである。


ちなみに、第四の技法として述べた「自然の浄化力の中に身を浸す」という技法は、実は、この「瞑想」の心的状態を体験することができる技法でもある。

もし我々が、この技法を素直に実践するならば、ときに、自然に、我々の心の中に「瞑想の状態」が起こるだろう。

例えば、我々が、息を呑むような美しい夕日を見たとき、まず、心を奪われるような深い感動が生まれるだろう。そして、その直後に、「ああ、何と美しい夕日だ！」という言葉が浮かぶだろう。

実は、**その言葉が心に浮かぶ直前、その言葉が生まれる直前の「心を奪われている」瞬間に、「表層意識」が消え、その一瞬に、我々の心の中に「瞑想」が起こっている**のである。「瞑想」が降りてきているのである。

そして、「瞑想」の意識状態は、「時間」というものを超えるがゆえに、その一瞬という短い時間でも、十分に、心の中に「深い瞑想」が起こることがあるのである。

同様に、その短い一瞬でも、「賢明なもう一人の自分」は、見事な閃きを、我々に与えてくれることがあるのである。

―第七話―第七の身体的技法―

全てを託するという心境で祈る

なぜ、「要求の祈り」は天に届かないのか

では、第七の技法は、何か。

第七の身体的技法　全てを託するという心境で祈る

それが第七の技法であるが、改めて言うまでもなく、昔から、神や仏、天といった

「大いなる何か」と繋がるための技法として、神社仏閣などで「祈る」ことや「拝む」ことは、無数の人々によって行われてきた。

また、宗教、宗派を問わず、厳しい修行を重ねる宗教者は、この「祈る」ことや「拝む」ことによって、「大いなる何か」と深く結びつくことを目指してきた。

従って、もし我々が、「大いなる何か」の存在を信じ、その存在と結びつき、そのことによって必要な叡智が与えられることを願うならば、この「祈る」ことや「拝む」ことは、最も基本の技法であり、究極の技法でもある。そして、これを本書の言葉で述べるならば、**「祈る」ことや「拝む」ことによって、我々の中から「大いなる何か」＝「フィールド」と繋がる「賢明なもう一人の自分」が現れ、必要なとき、必要な叡智を教えてくれる**のである。

ここまで述べてきたように、筆者は、この「大いなる何か」＝「フィールド」の存在を信じていることから、深い思考や思索が求められるとき、明晰な直観や洞察が求められるとき、心を整えて「祈る」ことを習慣としている。そして、この「祈り」を通じて、新たな発想やアイデアが与えられることは、極めてしばしば体験している。

しかし、もし我々が、「祈る」ことによって、新たな発想やアイデアを得たいと思うならば、やはり、一つ、理解しておくべきことがある。

それは、「要求の祈り」をしないということである。

例えば、明日の重要な企画会議を前に、「明日の企画会議で高く評価される企画の斬新な発想を教えたまえ」と祈ることや、商品開発の担当者として、「大ヒットとなる商品企画のアイデアを教えたまえ」といった祈りはしないということである。

こうした祈りは、神仏や天といった「大いなる何か」に、自分の願望通りのものが与えられることを求める祈りであり、「要求の祈り」と呼ぶべきものであるが、実は、こうした「**要求の祈り**」**によって「賢明なもう一人の自分」が動き出すことは、あまり無い。従って、目の前の問題を解決するための叡智を教えてくれることも無い。**

もとより、こうした状況で、そうした祈りをしたくなることは、人情として理解できるが、実は、こうした祈りは、あまり効果が無い。

それは、なぜか。

なぜなら、**我々の心の中で、「否定的な感情」が渦巻いているときや、「エゴ」が強く動いているときは、「賢明なもう一人の自分」は現れてこない**からである。そして、動き出さないからである。

しかし、我々が「要求の祈り」をするときとは、多くの場合、「良い発想を出さなければ」や「良いアイデアを出さなければ」という否定的な強迫観念を抱いていたり、「明日の会議で評価を上げたい」「ヒット商品を出して注目されたい」といったエゴが強く動いているからである。

すでに、第二部の第三話において述べたように、「賢明なもう一人の自分」は、我々が、目の前の問題に対して、強く「答え」を求めているときには、あまり、その「答え」を教えてくれないが、逆に、我々が、その「問い」を忘れているときに動き出し、「答え」を教えてくれるという性質を持っている。その一つの理由は、「**賢明なもう一人の自分」は、我々の感情やエゴ、願望や要求には耳を貸さないという性質を持っている**からである。

では、どうすれば良いのか。

もし、「要求の祈り」によっては「賢明なもう一人の自分」が動き出さないとすれば、我々は、どのような「祈り」をすればよいのか。

誤解を恐れずに言おう。


「全託の祈り」である。


それは、文字通り「全てを託する祈り」、「**大いなる何か」に目の前の問題の今後の展開も、解決への道も、すべてを託する祈り**である。

すなわち、「要求の祈り」が「何々の問題を、こうして解決したまえ」と希望する結果を明示して祈るものであるのに対して、「全託の祈り」は、希望する結果を明示せず、ただ「何々の問題を、導きたまえ」と祈るものである。

言葉を換えれば、「全託の祈り」とは、その問題の結果がどうなるかについては、すべて「大いなる何か」に託するという、覚悟を定めた祈りである。

先ほども述べたように、切実な問題を前に、誰であっても「要求の祈り」をしたくなる心境は、人情としても理解できる。そして、ここで述べるような「全託の祈り」の覚悟を定めることは、決して楽なことではない。

しかし、もし我々が、ひとたび、この覚悟を定めることができるならば、不思議なほど、心の中の感情やエゴは鎮まっていく。

そして、その感情やエゴが鎮まったとき、我々の中の「賢明なもう一人の自分」が、動き出すのである。そして、我々に、その問題にどう処すべきか、賢明な叡智を囁いてくれるのである。

こう述べてくると、あなたは、何か極めて宗教的な話を聞かされているように感じるかもしれない。しかし、本書では、あくまでも、**自分の中から創造的な発想やアイデアが生まれるための技法**について述べているのである。そして、**深い思考や思索が生まれるための技法**について語っているのである。

もとより、すでに第一部第八話で述べたように、「大いなる何か」というものが存在するのか否か、その正体が「ゼロ・ポイント・フィールド」であるのか否か、自分の中の「賢明なもう一人の自分」が存在するのか否か、その「もう一人の自分」がフィールドに繋がるのか否かについて、現在の科学は、否定も肯定もしていない。

しかし、その議論の如何《いかん》にかかわらず、昔から「無心のとき、直観が閃く」という言葉が語られるように、もし我々が、目の前の問題に対して、創造的な発想やアイデアを求めているのであれば、また、鋭い直観や洞察を求めているのであれば、さらには、深い思考や思索を求めているのであれば、まず何よりも大切なことは、「心を整える」ことである。

すぐに「無心」の状態になれないとしても、心の中の感情の起伏を静め、エゴの動きを鎮めることによって、「心を整える」ことである。

この第七の技法で述べている「全てを託するという心境で祈る」ということは、究極、そうした「心を整える」ための技法に他ならない。

しかし、もし我々が、「心を整える」ことができるなら、不思議なほど、心の奥深くから「賢明なもう一人の自分」が現れてくる。そして、目の前の問題に処するための、深い叡智を囁いてくれるのである。

筆者は、永年の「思考のプロフェッショナル」としての歩みの中で、その不思議を何度も体験してきた。

たしかに、筆者は、永年、科学者としての教育を受けてきた人間であり、唯物論的な世界観を学んできた人間である。しかし、それでも否定できないほど、その不思議を、何度も体験してきた。

それが、本書において、誤解を恐れず、あなたに、この技法を伝える理由である。

あなたの中にも、必ず、その不思議な力が宿っていることを伝えたい。

この一度かぎりの人生において、その力を十全に開花させて頂きたい。

それが、自らの中のためらいを超え、本書の筆を執った理由である。

終話

あなたは、自分の中に「天才」がいることに気がついているか

さて、本書も最後を迎えたが、全体を締めくくるこの終話においては、あなたに、筆者が本書全体を通じて伝えたかった、最も大切なメッセージを語っておこう。

それは、

あなたは、自分の中に「天才」がいることに気がついているか

そのメッセージである。

しかし、こう述べると、あなたは、すぐに「いや、自分はそれほどの才能に恵まれた人間ではない。だから、天才などではない…」と言われるかもしれない。

それは、おそらく、あなた自身の謙虚さから出てくる言葉であり、そうした謙虚さは、人間として大切な心の姿勢であろう。その意味で、筆者もまた、本書の中で、何度か「筆者は、天才などではなく、普通の人間である」といった言葉を述べてきた。

しかし、**人間として「謙虚な心の姿勢」を持つということと、自分の才能や能力について「自己限定」をしてしまうこととは、全く別のことである。**

ここで言う「天才」とは、「自分は他の凡人とは違う、凄い才能を持った天才だ」といったエゴの叫びのような意味ではない。

ここで言う「天才」とは、「**人間は、誰の中にも、想像を超えた素晴らしい才能や能力、そして可能性が眠っている**」という意味である。

しかし、それにもかかわらず、残念なことに、多くの人は、その「想像を超えた素晴らしい才能や能力、そして可能性」を開花させることなく、その人生を終えていく。

その理由は、本書で何度も述べてきた。

それは、我々が「自己限定」をしてしまうからである。

我々の中に、想像を超えた素晴らしい才能や能力、そして可能性が眠っているにもかかわらず、それを信じることができず、我々は、「自分には、大した才能も能力も無い」と、その可能性に蓋をして、限定してしまうのである。

しかし、その「自己限定」は、実は、単なる偏差値によって人間を格付けしてしまう現在の教育制度が、我々の意識に刷り込んでしまったものであり、また、競争によって人間を少数の勝ち組と圧倒的多数の負け組に分けてしまう競争社会が、我々の意識に浸み込ませてしまったものにすぎない。

だからこそ、ひとたび、我々が、その**「自己限定」の意識が「外から刷り込まれた幻想」にすぎない**ことに気がつき、その意識を払拭することができるならば、不思議なほど、そして、自分でも信じられないほど、才能や能力が開花するのである。

それが、筆者が、「あなたは、自分の中に『天才』がいることに気がついているか」と述べる理由である。

では、どうすれば、我々は、その「自己限定」の意識を払拭することができるのか。

そのことによって、自分の中に眠る素晴らしい才能や能力、そして可能性を開花させることができるのか。
最後に、もう一度、**三つの方法**を述べておこう。

第一は、「人間の可能性」を信じることである。

この「人間の可能性を信じる」ということは、世の中の多くの自己啓発書において語られる「自分の可能性を信じる」という意味ではない。なぜなら、**「自分」と「他人」を分けているかぎり、そこには必ず「比較優劣」の意識が生まれ、密やかに忍び込む「自己限定」の意識から免れられない**からである。

本書で述べる「人間の可能性を信じる」とは、**「素晴らしい才能を開花させた人間を見るとき、その才能が、自分も含め、すべての人間の中にも眠っていることを信じる」**という意味である。

例えば、科学や技術、絵画や音楽、文学や文筆、いかなる分野であれ、一人の天才の素晴らしい才能を見るとき、多くの人は、その才能に驚嘆し、敬服する一方で、「自分には、そうした才能は無い」と思い込み、諦めの意識で受け止めてしまう。

しかし、そうではない。実は、その天才が発揮している才能や能力は、人間であれば、誰の中にも眠っているのである。

しかし、それが真実であるにもかかわらず、大脳生理学や深層心理学の世界で指摘されるように、我々人間は、残念ながら、その眠っている才能や能力の一割も開花させずに、その人生を終えているのである。

これに対して、「天才」と呼ばれる人々は、人間の中に眠っている才能や能力を、一般の人々の何倍も開花させているのであり、我々との違いは、遺伝的な資質の違いでも、天与の才能の違いでもなく、自分の中に眠る可能性をどれほど開花させているか、その違いにすぎない。

従って、もし、我々が、自分の中に眠る可能性を何倍も開花させる技法を身につけ、実践するならば、想像を超えた才能が開花するのであり、**能力開発と才能開花における、大きな分かれ道は、まず、そのことを信じられるか否かなのである。**

もとより、筆者もまた、いまだその可能性を十全に開花させ得ている人間ではないが、「自己限定」を払拭するための心構えとして、世の中の「天才」と呼ばれる人々を見るとき、「あれは、自分には無い凄い才能だ」と考えるのではなく、「ああ、人間には、本来、誰にもあのような才能が眠っているのだ」と考えるようにしている。

第二は、「天才の秘密」を知ることである。

このように、「天才」と呼ばれる人々は、「自己限定」をしないことによって、人間が本来持っている可能性を、我々の何倍も開花させることができた人々であるが、では、なぜ、彼らは「自己限定」をしないのか。

それは、**「天才」と呼ばれる人々が、「自分は大いなる何かに導かれている」や「自分は大いなる何かと繋がっている」という感覚を持ち、「必要な叡智は、大いなる何かから降りてくる」という感覚を持っている**からである。

そして、本書においては、彼等が抱く、そうした「繋がっている」「降りてくる」という感覚が、単なる思い込みや幻覚ではなく、科学的に見ても決して荒唐無稽なものではないということを、現代の最先端量子科学が示唆する「ゼロ・ポイント・フィールド仮説」を紹介することによって、示した。

それが、本書で述べた「天才の秘密」であるが、されば、我々も、その「大いなる何か＝フィールド」の存在を信じ、「フィールドと繋がる」「フィールドから降りてくる」という信念を持つならば、「自己限定」の意識は自然に消えていき、その結果、自身が驚くほどの能力が発揮できるようになり、隠れた才能が開花していくだろう。

第三は、「自己対話の技法」を実践することである。

では、この「大いなる何か＝フィールド」と繋がっているという感覚を持ち、それを信念にまで深めていくためには、どうすれば良いのか。

そのための第一歩が、**まず、自分の中に「賢明なもう一人の自分」がいることを信じること**であり、その「もう一人の自分」が心の奥深くから現れる技法と、その自分と対話する技法、すなわち「自己対話」の技法を、日々、実践することである。

本書において述べた「自己対話」の技法は、筆者自身が「思考のプロフェッショナル」として、「深く考える力」を磨き、「直観」を磨いていくために、拙いながらも、数十年の歳月、実践してきた技法に他ならない。

しかし、その実践が、有り難いことに、ささやかながらも、筆者の才能や能力を開花させ、可能性を開き、人生を拓いてくれた。

そのことへの感謝が、筆者に、本書の筆を執らせた。

されば、本書に込めた、筆者の願いは、ただ一つ。

深い縁あって本書を手に取って頂いたあなたに、

自身の中に眠る才能と能力、そして可能性を、大きく開花させて頂きたい。
そして、素晴らしい人生を拓いて頂きたい。

誰にとっても、一度かぎり与えられた、かけがえのない人生。
いずれ終りがやってくる人生。
瞬く間に過ぎ去っていく人生。
その人生において、悔いの無い生き方をして頂きたい。

その願いが、筆者に、本書の筆を執らせた。
その筆を置くいま、心を込め、祈りを込め、
もう一度だけ、申し上げたい。

あなたの中には、想像を超えた素晴らしい何かが、眠っている。

謝　辞

最初に、講談社現代新書・編集者の丸山勝也さんに、感謝します。
丸山さんとは、初めての作品ですが、
現代新書は、二〇一六年に上梓した『仕事の技法』に次ぐ二冊目です。
今年の夏、富士の森の涼しい風に吹かれながら、
丸山さんと、本書の打ち合わせをしたことを想い出します。

また、仕事のパートナー、藤沢久美さんに、感謝します。
シンクタンク・ソフィアバンクでの藤沢さんとの二〇年は、
様々な課題に向き合い、その解決策を求め続ける日々でしたが、
まさに「深く考える」時間を共にした、意義深い歳月でした。

このソフィアバンクで、献身的に小生の仕事を支えてくれる
柳井田美喜さんにも感謝します。

そして、いつも、様々な形で執筆を支えてくれる家族、
須美子、誓野、友に、感謝します。
深まりゆく秋、色鮮やかな落ち葉の上を駆け抜けていく野鹿を見るとき、
この富士の大自然に溶け込んで生活することの喜びを感じます。
そして、この二〇一九年の年の瀬、静かに一年を振り返るとき、
今年もまた、大いなる何かに導かれた年であったことを感じます。

最後に、すでに他界した父母に、本書を捧げます。
他界した後も、父母は、遠くから、温かく、
この不肖の息子を導いていてくれていることを感じてきましたが、
「ゼロ・ポイント・フィールド仮説」を学ぶにつれ、
それが、単なる思い込みではないことを、感じています。

二〇一九年一二月一九日

田坂広志

さらに学びを深めたい読者のために

―自著による読書案内―

本書で語った様々なテーマを、さらに深く学びたいと思われる読者には、拙著ながら、次の一〇冊の著作を参考にされることを勧めたい。

『能力を磨く』（**日本実業出版社**）

序話では、人工知能（ＡＩ）が発達・普及していくこれからの時代には、「論理思考」は、その大半がＡＩに代替されていくことを述べた。では、そのとき、ＡＩに代替されない人間だけが発揮できる能力とは何か、それを、いかにして身につければ良いか。この著作では、そのことを、「三つの能力・六つの力」として語った。

『使える弁証法』（**東洋経済新報社**）

第一部・第二話では、弁証法（Dialectic）に基づく「対立止揚」の思考法について述べたが、では、弁証法とはいかなる哲学か、それをどのように活用して思考や思索を深めていくか。この著作では、そのことを語った。

『複雑系の経営』（**東洋経済新報社**）

『まず、世界観を変えよ』（**英治出版**：**『複雑系の経営』の改題版**）

第一部・第四話では、「水平知性」の思考法について述べ、様々な学問分野から世界的な研究者が集まって学際的研究を行っている「複雑系」（Complex System）というテーマについて述べた。では、「複雑系」とは何か、なぜ、それがいま、最も先進的な研究テーマになっているのか。この著作では、そのことを語った。

『仕事の技法』（**講談社現代新書**）

第一部・第五話では、「体験知性」の思考法について述べ、経験を体験へと深めるための「反省会議」や「反省日記」の習慣の重要性について述べた。では、その「反省会議」や「反省日記」は、具体的に、どのように実践すれば良いのか、それによって、どのような能力が身につくのか。この著作では、そのことを語った。

『人は、誰もが「多重人格」』（**光文社新書**）

第一部・第六話では、「多重人格」の思考法について述べたが、では、我々は、どうすれば、自分の中に「複数の人格」を育てていくことができるのか、それが、なぜ、「多様な才能」を開花させることになるのか。この著作では、そのことを語った。

『知性を磨く』（**光文社新書**）

同時に、第一部・第六話では、「多重人格」の思考法の一例として、経営者には、「思想」「ビジョン」「志」「戦略」「戦術」「技術」「人間力」という「七つの知性」を発揮する「七つの人格」が求められることを述べた。では、それらの「七つの知性」とは、どのような知性か、それらをいかにして身につけ、磨いていけば良いのか。この著作では、そのことを語った。

『運気を磨く』（**光文社新書**）

第一部・第八話では、「天才」と呼ばれる人々が想像を超えた能力を発揮する秘密は、無限の叡智が蔵されている「ゼロ・ポイント・フィールド」と繋がるからであるとの仮説を述べたが、では、現代の最先端量子科学が示唆する、この「ゼロ・ポイント・フィールド仮説」とは何か、なぜ、そのフィールドと繋がることが、我々の才能を開花させ、運気を好転させていくのか。この著作では、そのことを語った。

『深く考える力』（ＰＨＰ新書）

第二部・第七話では、思索的なエッセイを「視点の転換」に注目しながら読むことや、「推理小説」のように読むことによって、「深く考える力」が磨かれていくことを述べたが、この著作には、筆者が「深く考える技法」を用い、特に「水平知性」の思考法を駆使して執筆した思索的エッセイ三八篇を載せている。

『目に見えない資本主義』（東洋経済新報社）

第一部・第四話では、筆者の「水平知性」の思考法のもう一つの実践例として、この『目に見えない資本主義』を挙げた。この著作は、筆者が、経済学、文化人類学、歴史学、哲学、宗教学、経営学、情報学、心理学などの知識を縦横に結びつけて書き上げたものである。

「人生」を語る

『未来を拓く君たちへ』（PHP研究所）
『いかに生きるか』（ソフトバンク・クリエイティブ）
『人生の成功とは何か』（PHP研究所）
『人生で起こること　すべて良きこと』（PHP研究所）
『逆境を越える「こころの技法」』（PHP研究所）
『すべては導かれている』（PHP研究所）
『運気を磨く』（光文社）
『運気を引き寄せるリーダー　七つの心得』（光文社）

「仕事」を語る

『仕事の思想』（PHP研究所）
『なぜ、働くのか』（PHP研究所）
『仕事の報酬とは何か』（PHP研究所）

「成長」を語る

『知性を磨く』（光文社）　『人間を磨く』（光文社）
『直観を磨く』（講談社）　『能力を磨く』（PHP研究所）
『成長の技法』（PHP研究所）
『人は、誰もが「多重人格」』（光文社）
『なぜ、優秀な人ほど成長が止まるのか』（ダイヤモンド社）
『成長し続けるための77の言葉』（PHP研究所）
『知的プロフェッショナルへの戦略』（講談社）
『プロフェッショナル進化論』（PHP研究所）

「技法」を語る

『なぜ、時間を生かせないのか』（PHP研究所）
『仕事の技法』（講談社）『意思決定 12の心得』（PHP研究所）
『経営者が語るべき「言霊」とは何か』（東洋経済新報社）
『ダボス会議に見る世界のトップリーダーの話術』（東洋経済新報社）
『企画力』（PHP研究所）『営業力』（ダイヤモンド社）

主要著書

「思想」を語る

『死は存在しない』（光文社）
『生命論パラダイムの時代』（ダイヤモンド社）
『まず、世界観を変えよ』（英治出版）
『複雑系の知』（講談社）
『ガイアの思想』（生産性出版）
『使える弁証法』（東洋経済新報社）
『自分であり続けるために』（PHP研究所）
『叡智の風』（IBCパブリッシング）
『深く考える力』（PHP研究所）
『教養を磨く』（光文社）

「未来」を語る

『田坂広志　人類の未来を語る』（光文社）
『未来を予見する「５つの法則」』（光文社）
『目に見えない資本主義』（東洋経済新報社）
『これから何が起こるのか』（PHP研究所）
『これから知識社会で何が起こるのか』（東洋経済新報社）
『これから日本市場で何が起こるのか』（東洋経済新報社）

「経営」を語る

『複雑系の経営』（東洋経済新報社）
『「暗黙知」の経営』（徳間書店）
『なぜ、マネジメントが壁に突き当たるのか』（PHP研究所）
『なぜ、我々はマネジメントの道を歩むのか』（PHP研究所）
『こころのマネジメント』（東洋経済新報社）
『ひとりのメールが職場を変える』（英治出版）
『まず、戦略思考を変えよ』（ダイヤモンド社）
『これから市場戦略はどう変わるのか』（ダイヤモンド社）
『官邸から見た原発事故の真実』（光文社）

著者情報

田坂塾への入塾

思想、ビジョン、志、戦略、戦術、技術、人間力という
「７つの知性」を垂直統合した
「21世紀の変革リーダー」への成長をめざす場
「田坂塾」への入塾を希望される方は
下記のサイトへ

http://hiroshitasaka.jp/tasakajuku/
（「田坂塾」で検索を）

田坂塾大学への訪問

田坂広志の過去の著作や著書、講演や講話をアーカイブした
「田坂塾大学」は、広く一般に公開されています
訪問は、下記より

http://hiroshitasaka.jp/college/
（「田坂塾大学」で検索を）

「風の便り」の配信

著者の定期メール「風の便り」の配信を希望される方は
下記「未来からの風フォーラム」のサイトへ

http://hiroshitasaka.jp/letter/
（「未来からの風」で検索を）

講演やラジオ番組の視聴

著者の講演やラジオ番組を視聴されたい方は
「田坂広志　公式チャンネル」のサイトへ
（「田坂広志　YouTube」で検索を）

著者略歴

田坂広志（たさかひろし）

1951年生まれ。1974年、東京大学工学部卒業。
1981年、東京大学大学院修了。工学博士（原子力工学）。
同年、民間企業入社。
1987年、米国シンクタンク、バテル記念研究所客員研究員。
同年、米国パシフィック・ノースウェスト国立研究所客員研究員。
1990年、日本総合研究所の設立に参画。
10年間に、延べ702社とともに、20の異業種コンソーシアムを設立。
ベンチャー企業育成と新事業開発を通じて
民間主導による新産業創造に取り組む。
取締役・創発戦略センター所長等を歴任。現在、同研究所フェロー。
2000年、多摩大学大学院教授に就任。社会起業家論を開講。現名誉教授。
同年、21世紀の知のパラダイム転換をめざす
シンクタンク・ソフィアバンクを設立。代表に就任。
2005年、米国ジャパン・ソサエティより、日米イノベーターに選ばれる。
2008年、ダボス会議を主催する世界経済フォーラムの
Global Agenda Councilのメンバーに就任。
2009年より、TEDメンバーとして、毎年、TED会議に出席。
2010年、ダライ・ラマ法王14世、デズモンド・ツツ元大主教、
ムハマド・ユヌス博士、ミハイル・ゴルバチョフ元大統領ら、
4人のノーベル平和賞受賞者が名誉会員を務める
世界賢人会議・ブダペストクラブの日本代表に就任。
2011年、東日本大震災と福島原発事故に伴い、内閣官房参与に就任。
2013年、思想、ビジョン、志、戦略、戦術、技術、人間力という
「7つの知性」を垂直統合した
「21世紀の変革リーダー」への成長をめざす場、「田坂塾」を開塾。
現在、全国から7800名を超える経営者やリーダーが集まっている。
2021年、田坂広志の過去の著作や著書、講演や講話をアーカイブした
「田坂塾大学」を開学。広く一般に公開している。
2023年、学校法人「21世紀アカデメイア」学長就任。
海外でも旺盛な出版と講演の活動を行っている。

本書をお読み頂き、
有り難うございました。
このご縁に感謝いたします。

お時間があれば、
本書の感想や著者へのメッセージを、
お送り頂ければ幸いです。

下記のQRコードから、
メッセージを、お送りください。

毎日、数多くの読者の方々から
メッセージを頂きますので、
すべての方に返信は差し上げられませんが、
小生が、直接、拝読いたします。

田坂広志　拝

講談社現代新書　2562

直観《ちょっかん》を磨《みが》く　深《ふか》く考《かんが》える七《なな》つの技法《ぎほう》

二〇二〇年二月二〇日第一刷発行　二〇二三年七月二八日第一二刷発行

著者　田坂広志《たさかひろし》

発行者　髙橋明男
発行所　株式会社講談社
東京都文京区音羽二丁目一二―二一　郵便番号一一二―八〇〇一
電話　〇三―五三九五―三五二一　編集（現代新書）
〇三―五三九五―四四一五　販売
〇三―五三九五―三六一五　業務
装幀者　中島英樹
印刷所　株式会社新藤慶昌堂
製本所　株式会社国宝社
定価はカバーに表示してあります　Printed in Japan

N.D.C. 335　310p　18cm
ISBN978-4-06-518795-1

「講談社現代新書」の刊行にあたって

教養は万人が身をもって養い創造すべきものであって、一部の専門家の占有物として、ただ一方的に人々の手もとに配布され伝達されうるものではありません。

しかし、不幸にしてわが国の現状では、教養の重要な養いとなるべき書物は、ほとんど講壇からの天下りや単なる解説に終始し、知識技術を真剣に希求する青少年・学生・一般民衆の根本的な疑問や興味は、けっして十分に答えられ、解きほぐされ、手引きされることがありません。万人の内奥から発した真正の教養への芽ばえが、こうして放置され、むなしく滅びさる運命にゆだねられているのです。

このことは、中・高校だけで教育をおわる人々の成長をはばんでいるだけでなく、大学に進んだり、インテリと目されたりする人々の精神力の健康さえもむしばみ、わが国の文化の実質をまことに脆弱なものにしています。単なる博識以上の根強い思索力・判断力、および確かな技術にささえられた教養を必要とする日本の将来にとって、これは真剣に憂慮されなければならない事態であるといわなければなりません。

わたしたちの「講談社現代新書」は、この事態の克服を意図して計画されたものです。これによってわたしたちは、講壇からの天下りでもなく、単なる解説書でもない、もっぱら万人の魂に生ずる初発的かつ根本的な問題をとらえ、掘り起こし、手引きし、しかも最新の知識への展望を万人に確立させる書物を、新しく世の中に送り出したいと念願しています。

わたしたちは、創業以来民衆を対象とする啓蒙の仕事に専心してきた講談社にとって、これこそもっともふさわしい課題であり、伝統ある出版社としての義務でもあると考えているのです。

一九六四年四月　野間省一